U0932842

好爸爸
每天10分钟的
亲子游戏

[韩] 权五珍◎著
李小晨◎译

北京联合出版公司
Beijing United Publishing Co.,Ltd.

图书在版编目（CIP）数据

好爸爸每天10分钟的亲子游戏 /（韩）权五珍著；
李小晨译. —北京 ：北京联合出版公司，2015. 8
ISBN 978-7-5502-5394-0

Ⅰ. ①好… Ⅱ. ①权… ②李… Ⅲ. ①游戏－家庭教
育－儿童教育 Ⅳ. ①G78

中国版本图书馆CIP数据核字（2015）第106149号

北京市版权局著作权合同登记号 图字：01-2015-3367

好爸爸每天10分钟的亲子游戏
作　　者：（韩）权五珍
译　　者：李小晨
选题策划：北京时代光华图书有限公司
责任编辑：龚　将　王　巍
特约编辑：陈　静
封面设计：新艺书文化
版式设计：曾　放

北京联合出版公司出版
（北京市西城区德外大街83号楼9层　　100088）
北京晨旭印刷厂印刷　　新华书店经销
字数170千字　　787毫米×1092毫米　　1/16　　18. 5印张
2015年8月第1版　　2015年8月第1次印刷
ISBN 978-7-5502-5394-0
定价：48. 00元

20 位爸爸为本书提供了游戏创意，在此特别表达谢意。

基范爸爸，彩源爸爸，源俊、源英爸爸，民书、浩俊爸爸，天地爸爸，民亨、民智、贤宇爸爸，宇赫、智敏爸爸，李俊、李焕爸爸，胜贤、胜敏爸爸，志完爸爸，根熙、秀斌爸爸，书律爸爸，语珍、贤明爸爸，艺亨、俊亨爸爸，小英爸爸，圭丽、圭源、圭民、圭真爸爸，toy 爸爸，以知爸爸，小新爸爸，志勋、成贤爸爸。

目 录

PART 1

不畏惧失败：挑战精神与自信心提高游戏

PART 2

培养未来的“爱迪生”：创意力与观察力提高游戏

PART 3

与朋友和谐相处：语言交际能力与感情交流能力提高游戏

PART 4

明朗、温暖、有朝气：自尊心和爱心提高游戏

PART 5

培养自觉的孩子：秩序性和责任感提高游戏

PART 6

我的孩子是话术达人：语言表达能力提高游戏

推荐序

和孩子手牵手，快乐地进行环球旅行

相较“爸爸游戏学校”（cafe.naver.com/swdad）的会员们，我的年龄更大，孩子的年龄也更大。前不久我去军队看儿子，和儿子一起去大众浴池洗了一次澡，每人仅需1500韩币（大约为8.5元人民币）。本来以为孩子还很小，结果一眨眼的工夫，儿子居然已经入伍当兵了！

洗澡的时候，我为了表达“儿子，你很珍贵”的想法，便告诉孩子“我这一生最大的作品就是你”。然而孩子却说：“爸爸，你一生最大的作品是你自己。”这句话真的让我大为吃惊：看来我的儿子已经长大了。没错，自己才是自己最大的作品，而不是其他任何人。毕竟没有人能代替我们生活，就像“爸爸游戏学校”校长强调的那样。

“对了，以前你家长让你学习的时候你真的学了吗？”

“没有，只是装装样子而已。”

“那么你现在为什么要求孩子学习呢？”

“也是哈。”（挠头）

这是我和一位朋友之间的一次对话。现在这位朋友的女儿正在上初中。

既然知道说什么也没用，那么为什么还要对孩子说个没完没了呢？相信大人们都知道：学习好不一定意味着长大后就能成功，上了大学也未必就能生活幸福。

“站着说话不腰疼，你也生一个看看！”身为几个孩子的爸爸，我对这句话尤为有感触。李炳哲先生就说，现在让他不能称心如意的：一个是高尔夫球，另一个就是孩子。是的，孩子往往不能让我们如愿，那么我们就不管孩子了吗？当然不是。孩子还是要管的，因为他们是我们的未来。

我曾认为世界上虽然没有免费的午餐，却有免费的母爱和父爱。然而事实证明我错了，母爱和父爱都是要还的——我们对自己孩子付出爱，是为了偿还家长给予我们的爱。哪里有家长说一次就会听话的孩子？我们要说上 10 次，甚至 100 次，孩子才可能听话。

Reggio Emilia 教育法创始人、意大利幼儿教育家洛利斯·马拉古奇（Loris Malaguzzi）曾指出，“孩子本来有 100 种语言，然而其中的 99 种却被大人偷走了”。所以，我们放手吧。孩子们已经如此完美，他们本身就承载着宇宙的真理和法则。

著名的美国实用主义哲学家、教育家和心理学家约翰·杜威（John Dewey）在其著作《经验与教育》中强调了经验的重要性。他认为，教育是获取经验后的创造，而不是单方面的灌输或者单纯的自觉行为。

我们不要强求孩子喝水，因为他们渴了会自己找水喝。作为爸爸，我们只要与他们手牵手，将他们带到一个又一个充满爱的溪水边即可。爸爸们，不要心急，请相信我们的孩子。

爸爸游戏学校顾问、东釜山大学教授　贾钟顺

前言

大家都可以成为好爸爸

“爸爸游戏学校”成立于2009年4月。我在管理该论坛的过程中看到了很多爸爸上传的照片，其中一张利用胶带在客厅画房子的照片引起了我的注意。受到这张照片的启发，我决定将爸爸们的妙招收集起来出一本书。从此我便开始策划书名，构思内容。两年后我接到出版社的出书邀请，便开始正式编写本书。我先在论坛上发文寻求众位爸爸的帮助，结果得到了很多爸爸的回应——他们不仅为我加油，还参与了内容的写作。果然爸爸们都有各自的育儿秘诀。

与孩子做游戏对于爸爸们来说难吗？其实一点也不难，只不过爸爸们自己认为难而已。那么爸爸们为什么会有这样的想法呢？我想大概是爸爸们存在某些偏见和固有观念：与孩子做游戏，开始容易结束难，是一件很需要体力的事情；如果没有充足的经费，不能带孩子外出，也不能给孩子买玩具，自己根本不知道该如何与孩子做游戏。然而，做游戏并不像爸爸们想象的那么难，婴儿只需爸爸发出“昂——昂”的叫声就能被逗笑，而稍大一点的孩子，只要给他们一张报纸做“找字”游戏就会很高兴。

做游戏的社会心理学意义是幸福。每个人都想过幸福的生活。结婚、生孩子、养育孩子都是为了幸福。不是富有才会幸福，钱只是幸福的子集而已。孩子们之所以笑，是因为他们感受到了幸福，而爸爸的一声“昂——昂”便是幸福的来源。这些小幸福汇聚起来，就是养育孩子的过程。

家庭幸福是红男绿女相互组合的产物。如果两个人互不相让，那么充其量只是两种颜色；但如果两个人互相融合，随着调配比例的不同，将衍生出无数种颜色。

做游戏是一种表达父爱的方式。爸爸越是经常和孩子做游戏，孩子得到的父爱就会越多。

本书包含了20位爸爸提供的游戏方法和6封妻子写给丈夫的感谢信。妻子们在信中记述了自己对丈夫为家庭所做努力的感叹和感谢。此外，在本书的结尾处还介绍了很多有助于家庭和谐的夫妻相处原则。

游戏是锻炼能力的好方法。游戏可以锻炼人的创意力、社会适应能力、投入感、爱心、自信心、自尊心、挑战精神、自由精神、责任感、秩序意识、专注力、领导力、观察力和语言表达能力等十几种能力。如果爸爸们能够多与孩子一起做游戏，将十分有益于孩子能力的发展。据统计，现在有20%的小学一年级学生患有ADHD（注意力缺陷多动障碍），30%的小学生上网成瘾。家长可以通过做游戏的方式来避免这些情况的发生。

俗话说“水滴石穿”，一个小动作也可能会带来大变化。游戏就是一双看不见的手，让孩子幸福，妻子幸福，家庭幸福。

孩子的成长是家长一生中非常宝贵的一部分。不要忘记：一天只需10分钟，你和我都可以成为好爸爸。

PART 1

不畏惧失败：挑战精神与自信心提高游戏

身体也有记忆

就像与生俱来的亲切感无法掩饰一样，与生俱来的挑战精神也会自然而然地显露出来。与孩子一起游戏并不是浪费时间，因为与孩子一起做游戏可以培养孩子的挑战精神。

现在的孩子虽然很会磨人，却缺乏挑战精神。这里所说的“缺乏挑战精神”，是指缺乏应对新情况的能力。造成这一结果的原因有二：一是妈妈的溺爱，二是缺少和爸爸一起玩的时间。

一个想要学习游泳的人，就算苦读游泳教材再久，如果不付诸实践，也绝对学不会游泳。因为身体与大脑一样，也有记忆。所以，想要学会游泳，就要先适应水中的环境，然后再活动身体，了解身体的极限并学会利用水的方法。当然，这个过程是不可能一蹴而就的，只有通过反复的训练与碰壁，我们才能学会游泳。游泳池对于不会游泳的人来说也许是地狱，但对于会游泳的人来说却是天堂。

挑战精神不是由妈妈的唠叨培养出来的。我们要了解一个事实，那就是无论面对什么困难都不会退缩的挑战精神，实际上正存在于孩子与爸爸游戏的过程中。

001　恐龙腿隧道

需要爸爸扮成恐龙的样子，进行张腿、闭腿的游戏。

瞬间反应能力与灵活性

作者：基范爸爸
年龄：5 ~ 10 岁
准备材料：无

❶ 爸爸站在客厅的中间，用手遮住一只眼睛，一条腿站定，另一条腿打开，形成一条“通道”。
❷ 一边发出恐龙的“kong kong”声，一边反复张腿、闭腿。
❸ 孩子要在爸爸闭上腿之前通过“通道”。
❹ 通过 5 次以上视为成功。

002 旋转乌龟

孩子将爸爸的两腿夹在腋下，进行旋转游戏。

肌肉耐力与灵活性

作者：基范爸爸
年龄：5 ~ 10岁
准备材料：无

❶ 爸爸躺在地上，然后双腿抬起，与地面呈45度角。

❷ 孩子站在爸爸的腿中间，然后用腋下夹住爸爸的两条腿。

❸ 孩子像推磨一样转动爸爸。

❹ 每转一圈，爸爸都要大声数出圈数。

003 骑大马

爸爸扮成马，孩子站在爸爸背上保持平衡的游戏。

平衡能力与灵活性

作者：基范爸爸
年龄：5 ~ 7 岁
准备材料：无

❶ 爸爸摆出马的姿势，孩子站在爸爸背上。

❷ 孩子发出“快跑！”的命令。

❸ 爸爸发出“嗒嗒嗒”的骏马奔驰的声音，同时上下摆动身体。

004　击破 3 层纸箱子

将纸箱子摆成上下 3 层，用身体的各个部位将其一一击破。

爆发力与灵活性

作者：基范爸爸
年龄：3 ~ 10 岁
准备材料：3 个纸箱子

❶ 将纸箱子摆成上下 3 层。

❷ 在开始之前问孩子击破箱子的方法。

❸ 爸爸喊“击破”，孩子再开始行动。

❹ 爸爸与孩子击掌，大喊“加油”。

005　乘坐箱子滑板

孩子站在扁扁的箱子上，爸爸拉动箱子做惊险的滑板游戏。

平衡能力与灵活性

作者：基范爸爸
年龄：4 ~ 7 岁
准备材料：1 个箱子

❶ 打开箱子。

❷ 将箱子压扁。

❸ 让孩子站在箱子上面，两手和两腿打开。

❹ 爸爸用两手拽住箱子的两个角慢慢地拖动箱子。

006 通过箱子隧道

用箱子制作隧道，然后放在地上让孩子爬行通过，这是一个能够刺激孩子本能的游戏。

心肺持久力与灵活性

作者：基范爸爸
年龄：3 ~ 10 岁
准备材料：5 个箱子，封箱胶带

❶ 将箱子的盖和底撕去。

❷ 用胶带将箱子连接在一起。

❸ 孩子爬着通过箱子。

❹ 家长一手扶住箱子，一手像敲鼓一样敲打箱子，让其发出“咚咚咚”的声音。

007　塑料瓶人体保龄球

孩子当保龄球，爸爸当投手。爸爸抱着孩子跑过去击倒塑料瓶。

协调能力与平衡能力

作者：基范爸爸
年龄：3～5岁
准备材料：6个空塑料瓶

❶ 在客厅的一端，将 6 个塑料瓶摆成等边三角形。

❷ 爸爸抱着孩子旋转两圈后，一边发出飞机的轰鸣声一边跑向塑料瓶。

❸ 用孩子的两腿击倒塑料瓶，同时爸爸大喊“打中”。

008　嘴吹台风

用嘴吹倒塑料瓶的游戏。

心肺持久力

作者：基范爸爸
年龄：5 ~ 10岁
准备材料：空塑料瓶

❶ 将塑料瓶倒立。

❷ 爸爸在旁边喊“台风来了！”，孩子用力吹塑料瓶。

❸ 如果成功了，就将塑料瓶正过来摆放在桌上让孩子继续吹。如果孩子又一次成功了，逐渐增加塑料瓶的个数。

❹ 在塑料瓶倒下的时候，爸爸要喊“一个”“两个”……

009 塑料瓶棒球

用塑料瓶作为球棒，把报纸团成一团作为棒球。这是一个可以在客厅和室外进行的游戏。

协调反应能力与灵活性

作者：基范爸爸
年龄：5 ~ 10 岁
准备材料：空塑料瓶 1 个，报纸 1 张

❶ 将报纸揉成团作为棒球。

❷ 孩子用塑料瓶作为球棒。

❸ 爸爸在孩子击球的时候，大声喊出“安打”“本垒打”“犯规”“二垒安打”“三垒安打”。

010　米饼拇指击破

用食指作为枪击破米饼的游戏。

协调反应能力与爆发力

作者：基范爸爸
年龄：3 ~ 5 岁
准备材料：圆形米饼 1 张

❶ 爸爸举着米饼。

❷ 爸爸一喊“击破”，孩子就用食指击破米饼。

❸ 成功的话，一边与孩子击掌，一边喊“加油”。

011　纸杯子金字塔

只用纸杯也能做金字塔。能够在客厅里做的游戏，和家人一起做会更有趣。

协调反应能力与灵活性

作者：基范爸爸
年龄：3 ~ 5岁
准备材料：纸杯10个以上

❶ 先将6个纸杯搭成3层。

❷ 然后将10个纸杯搭成4层。逐渐增加个数和层数。

012 跳过纸杯子

用纸杯摆出不同的高度，让孩子跳。这是一种跳高游戏。

爆发力与灵活性

作者：基范爸爸
年龄：3 ~ 5 岁
准备材料：纸杯 10 个以上

❶ 在客厅中央成排摆上纸杯。

❷ 爸爸问孩子“准备好了吗”，得到孩子肯定的回答后喊“出发”。

❸ 孩子跳过纸杯。

❹ 从 1 层到 2 层、3 层、4 层，逐渐增加难度。

❺ 如果失败了，和孩子一起重新将纸杯摆好。

013　看谁搭得更高

爸爸和孩子一起比赛，看谁搭得“杯子塔”更高。

协调反应能力与灵活性

作者：基范爸爸
年龄：5 ~ 10岁
准备材料：纸杯12 ~ 16个

❶ 爸爸和孩子各自准备好自己要用的纸杯。

❷ 喊“开始”后，爸爸和孩子一起将杯子竖直向上搭。

❸ 在搭“杯子塔”的过程中，爸爸不能帮助孩子。

❹ 如果孩子因好胜心而更加努力，爸爸一定要夸奖孩子。

014 客厅网球

只要有童话书和乒乓球就能在客厅进行网球比赛，这是一个即使下雨了也可以在家里做的运动。

协调反应能力与灵活性

作者：基范爸爸
年龄：8 岁以上
准备材料：童话书两本，乒乓球

❶ 用录像带等摆成球网的样子。

❷ 用童话书击打乒乓球。

❸ 如果是和家人一起，也可以进行混合双打。

015 空中乒乓球

用童话书作为球拍击打乒乓球。
不需要球网，只要连续击打，不让球掉落到地上即可。

协调反应能力与灵活性

作者：基范爸爸
年龄：8 岁以上
准备材料：童话书两本，乒乓球

❶ 爸爸和孩子分别用双手举着一本童话书。

❷ 爸爸将球打向空中。

❸ 孩子用童话书将球打回给爸爸。

❹ 反复击打，不要让球落地。

016 童话书棒球

爸爸做投手，孩子做击球员，用童话书做球棒。

协调反应能力与灵活性

作者：基范爸爸
年龄：3～7岁
准备材料：童话书1本，乒乓球

❶ 孩子双手举着童话书。

❷ 爸爸投球，球落地后反弹向空中。

❸ 孩子在球反弹起来后用童话书击球。

❹ 当球被击出很远时，爸爸要喊“全垒打”，如果很近就喊“安打”或者“二垒安打”。

017 踢乒乓球

用乒乓球作为足球，孩子当选手。
爸爸负责扔球，孩子负责踢球。

协调反应能力与灵活性

作者：基范爸爸
年龄：5 ~ 10岁
准备材料：乒乓球1个

❶ 爸爸将球扔向地面。

❷ 当球反弹时，孩子要向射手一样，在球落地前将球踢中。

❸ 如果孩子踢到了，爸爸就喊“进球！”。

❹ 如果没有踢到，爸爸就喊“没进！”。

018 报纸冰车

一种利用地面的摩擦力的游戏，用报纸拉动孩子，让孩子像坐在冰车上一样前进。

肌肉耐力与平衡能力

作者：基范爸爸
年龄：3～7岁
准备材料：报纸两张

❶ 将两张报纸分别卷成卷。

❷ 让孩子盘腿坐在客厅的地上。

❸ 孩子两手握住报纸的一端。

❹ 爸爸在对面握住报纸的另一端，然后或快或慢地拉动报纸。

❺ 注意，游戏中孩子会摔倒。

019　被子隧道

爸爸妈妈将被子弄成隧道的样子让孩子通过。这是一种利用孩子本能的游戏。

敏捷性与灵活性

作者：基范爸爸
年龄：3 ~ 7岁
准备材料：薄被子1床

❶ 将被子铺在地上。

❷ 爸爸和妈妈抓住被子的角晃动被子，被子离地面20厘米。

❸ 孩子匍匐通过被子。

❹ 如果有很多种颜色的被子，可以交替使用。

020 硬币陀螺

在房间里进行的游戏，用手指转动硬币，看谁转得更久。

协调反应能力与爆发力

作者：基范爸爸
年龄：7 ~ 10 岁
准备材料：硬币 10 枚

❶ 用左手将硬币立起来。

❷ 食指按住硬币上端，使硬币固定。

❸ 右手的食指用力弹硬币。

❹ 谁的硬币转得时间长，谁就胜利。

021　脚踢手抓硬币

用脚将硬币踢向空中，然后马上用手抓住硬币。

协调反应能力与灵活性

作者：基范爸爸
年龄：5 ~ 10岁
准备材料：硬币10枚

❶ 将硬币放在脚背上。

❷ 抬高脚背将硬币瞬间踢向空中。

❸ 用一只手抓住空中的硬币。

❹ 失败的话重来一次。

022 硬币投壶

将硬币扔到箱子孔中的游戏，投中最多的人胜利。

协调反应能力与灵活性

作者：基范爸爸
年龄：5 ~ 10 岁
准备材料：方便面箱子、椅子、刀、硬币

❶ 在箱子中间开一个直径 10 厘米的孔。

❷ 将箱子放在椅子上。有孔的一面朝上。

❸ 爸爸和孩子站在离箱子 1 米远的地方，按顺序投硬币。

023　命中数字靶子

画出靶子，然后投硬币计算分数。在室外也可以进行。

协调反应能力与灵活性

作者：基范爸爸
年龄：5 岁以上
准备材料：硬币 10 枚、水性笔、写生画本

❶ 用水性笔画出靶子。

❷ 间隔 5 厘米左右，正中间为 10 分，然后依次是 8 分、6 分、4 分、2 分。

❸ 站在靶子前 1 米左右，按顺序扔硬币并在纸上记录成绩。

❹ 共投 10 次。

❺ 爸爸一起玩的时候，要让步一些，站在 1.5 米外。

❻ 胜者高喊三声“万岁”，败者接受“臀部写字”的惩罚。

024 摇摇晃晃投硬币

是一个需要利用平衡感的游戏，既可以在室内进行，也可以在室外进行。

协调反应能力与灵活性

作者：基范爸爸
年龄：5～10岁
准备材料：硬币5枚、废纸桶、枕头

❶将硬币放在头上。

❷绕过2米外的枕头后，低头将硬币投向废纸桶。

❸既可以和爸爸一起玩，也可以和小伙伴一起玩。

025 硬币保龄

硬币作为保龄球，酸奶瓶作为球瓶。
瞄准了也可能打不中，会让孩子很着急。

适应协调能力与爆发力

作者：基范爸爸
年龄：7 岁以上
准备材料：硬币 1 枚、酸奶瓶 5 个

❶ 在 2 米远的地方摆上 5 个酸奶瓶，间隔 5 厘米左右。

❷ 准备好硬币。

❸ 将硬币立起来，用食指按住上端，然后拇指和中指握住两面。

❹ 从前向后，使硬币像保龄球一样转出去。

❺ 硬币打到酸奶瓶，爸爸就一边喊“打中”，一边与孩子击掌。

026 纸杯帆船

这个游戏很能消耗孩子的能量，爸爸可以不费力气地与孩子一起做游戏。

心肺持久力与平衡能力

作者：基范爸爸
年龄：5～10岁
准备材料：纸杯1个、枕头

❶ 爸爸坐在前方3米处作为目的地，在孩子必经的途中放上一个枕头作为中途休息点。

❷ 将杯子倒过来放在地上。

❸ 让孩子吹动杯子，往返于起始点与目的地之间。

027 踢气球

是一项集中消耗下半身能量的运动，由于会产生乳酸，所以很快就会使人感到疲惫。

协调反应能力与灵活性

作者：基范爸爸
年龄：7 岁以上
准备材料：气球两个

❶ 准备两个气球。

❷ 将准备好的气球抛到空中。

❸ 为了不让气球落地，孩子要一直踢气球。

❹ 孩子每踢一下，爸爸就要数一下。

028 拍气球

孩子要像排球选手那样跳起来连续击中飞过来的气球。该游戏可在客厅中进行。

协调反应能力与爆发力

作者：基范爸爸
年龄：5 ~ 10岁
准备材料：气球10个

❶ 准备大小适中的气球10个。

❷ 爸爸抛起1个气球。

❸ 孩子跳起来，像打排球一样打气球。这时爸爸要喊“好球”。

❹ 爸爸继续抛球，孩子继续击球。

❺ 10个一组，中间可以休息一下。

029 建造纸杯大厦

是一个用纸杯搭建大厦的游戏。大厦要搭成圆柱形。

协调反应能力与灵活性

作者：民亨、民智、贤宇爸爸
年龄：5 ~ 10 岁
准备材料：纸杯 200 个

❶ 准备 200 个纸杯。

❷ 听到开始后，两队同时开始用纸杯搭建大厦。

❸ 搭得最高的队获胜。

030 拖鞋投壶

在客厅就用拖鞋，在室外就用所穿的鞋。
这是一种利用脚腕力量进行的投壶游戏。

协调反应能力与灵活性

作者：基范爸爸
年龄：8 岁以上
准备材料：拖鞋、废纸桶

❶ 脱下拖鞋。

❷ 利用脚腕力量将拖鞋扔出去。

❸ 只要将拖鞋扔进 2 米外的废纸桶即可。

031 用吸管移动乒乓球

将枕头放在目的地处。让孩子趴下，用吸管吹动乒乓球前进，绕过枕头。

心肺持久力与灵活性

作者：基范爸爸
年龄：5 ~ 10 岁
准备材料：吸管、乒乓球、枕头

❶ 将枕头放在 3 米外。

❷ 孩子用吸管吹动乒乓球，往返于目的地与出发点之间。

❸ 开始前爸爸需要先做示范。

032 石头、剪刀、布对决

可以多人一组，也可以一个人一组，进行石头、剪刀、布对决。

灵活性

作者：民亨、民智、贤宇爸爸
年龄：3 岁以上
准备材料：无

❶ 根据家庭人数分组。

❷ 先赢 10 局的队获胜。

❸ 可以用小礼物作为赌注。

033 气球沙袋

这是一个将气球挂在房顶上进行的游戏，也可以多挂几个气球当作沙袋。

协调反应能力与灵活性

作者：李俊、李焕爸爸
年龄：3 ~ 7 岁
准备材料：气球、线、胶布

❶ 气球吹好后，用线绑起来，然后再用胶布固定在房顶上。

❷ 孩子击打气球。

❸ 挂上五颜六色的气球，激发孩子的挑战精神。

034 头部投壶

这是一个用头部顶书进行的投壶游戏。
注意，书的重量不要给颈椎造成负担。

协调反应能力与平衡能力

作者：宇赫、智敏爸爸
年龄：5 ~ 10 岁
准备材料：书、枕头、废纸桶或篮子

❶ 在距离出发线 3 米远的地方放上一个枕头。

❷ 头顶着书出发。

❸ 绕过枕头。

❹ 低头，让书掉入废纸桶中。

035 抓“鼹鼠”

在箱子上开几个洞作为“鼹鼠”的家。
这是一个在“鼹鼠”伸出头的时候击打“鼹鼠”头部的游戏。

协调反应能力与爆发力

作者：宇赫、智敏爸爸
年龄：5～10岁
准备材料：大箱子、报纸、刀

❶ 准备一个大纸箱子。
❷ 将箱子靠着墙放置，上面开3个足以使头部伸出来的洞。
❸ 让孩子钻进箱子。
❹ 孩子可以从3个洞中的任何一个里伸出头来。
❺ 爸爸将报纸卷成卷，然后用纸筒轻打孩子的头。
❻ 若被打到就要交换攻守角色。

036 钻绳子

让孩子从绳子下面钻过去的游戏，也可以和家人一起玩。

灵活性与平衡能力

作者：根熙、秀斌爸爸
年龄：5～10岁
准备材料：跳绳1根、椅子两把

❶ 用两把椅子固定住跳绳。

❷ 孩子与爸爸轮流钻过跳绳。

❸ 成功后降低绳子的高度。

037 纸质巴比伦塔

这是一个一家人可以一起在客厅玩的游戏。
道具是 A4 纸，很容易找到。

协调能力

作者：语珍、贤明爸爸
年龄：5 ~ 10 岁
准备材料：A4 纸 8 张

❶ 一家人分成两队。

❷ 每队发 4 张 A4 纸。

❸ 在 10 分钟内尽可能地将纸搭得更高。

❹ 作品能够保持 5 分钟不倒的一队获胜。输的一队要接受惩罚。

038 跳绳

爸爸、妈妈负责握住绳子，孩子跳。

爆发力与平衡能力

作者：根熙、秀斌爸爸
年龄：5 ~ 10岁
准备材料：跳绳

❶ 爸爸和妈妈抓住绳子的两端。

❷ 孩子跳过绳子。

❸ 渐渐升高绳子的高度。

❹ 准确标记绳子的高度，可以提高孩子的专注力。

039 鞋子投壶

是一个将塑料球扔进鞋子里的游戏。
当然用报纸团、橘子、小玩具也可以。

协调反应能力与灵活性

作者：根熙、秀斌爸爸
年龄：3 ~ 7岁
准备材料：鞋子、塑料球或者网球

❶ 将鞋子放在客厅中央。

❷ 让孩子在 1 米外向鞋子里投球。

❸ 爸爸作为裁判，判定是否进球。

040 击破移动的报纸

爸爸举着报纸上下左右移动，孩子努力击破报纸。

协调反应能力与灵活性

作者：基范爸爸
年龄：5 ~ 10岁
准备材料：报纸1张

❶ 爸爸用双手举着报纸。

❷ 孩子可以用拳头、手指尖、食指，或是手刃击破报纸。

❸ 在孩子努力击破报纸的时候，爸爸可以上下移动报纸以加大难度。

041　鲨鱼游戏

孩子和爸爸在游戏中轮流扮演海洋中的凶残捕食者——鲨鱼。

敏捷性与灵活性

作者：源俊、源英爸爸
年龄：5 ~ 10 岁
准备材料：被子、抱枕、绿胶带

❶ 用绿胶带在客厅围出一个直径 1 米的圆圈，将其规定为安全地带。

❷ 爸爸扮演鲨鱼，拽着孩子的手或脚努力地将孩子从圆圈中拉出来。

❸ 孩子可以用被子或者抱枕作为防御工具。

❹ 孩子被拉出来后和爸爸交换角色。

042 报纸“摔跤”

常做这个游戏，可以帮助孩子养成胜不骄、败不馁的品质。

爆发力

作者：基范爸爸
年龄：3～7岁
准备材料：报纸

❶ 将报纸撕成条。

❷ 爸爸和儿子各拿一条，看谁的报纸最先被拉断。

❸ 爸爸和孩子一起数“1、2、3”，然后开始用力拉报纸。

❹ 直到一方的报纸被拉断游戏方才结束。

❺ 如果孩子赢了，爸爸就高呼“万岁”为孩子祝贺，如果孩子输了，爸爸就鼓掌三下以示鼓励。

❻ 采用三局两胜制，爸爸做裁判断定输赢。注意，爸爸要尽量输给孩子。

043　寻宝游戏

这是一个能够唤起孩子好奇心的游戏，但一定要帮助孩子，让他在规定时间内找到宝贝。

推理能力

作者：语珍、贤明爸爸
年龄：5 ~ 10岁
准备材料：纸、铅笔

❶ 爸爸画出家里的平面图，并将其作为寻宝地图交给孩子。

❷ 在地图上要标出寻宝提示。

❸ 孩子按照提示寻找宝物。

044 纸张寻宝游戏

这是一个在客厅做的寻宝游戏，只要有纸就可以完成。

推理能力

作者：圭丽、圭源、圭民、圭真爸爸
年龄：5 ~ 10 岁
准备材料：纸、笔

❶ 在纸条上分别写好钻石、金子、蓝宝石、银子等宝物的名称，也可以写金额。

❷ 将纸条藏在客厅里。纸条可以插在某处，或者稍微露出一部分以便孩子寻找。

❸ 孩子开始寻找宝物。

❹ 控制好游戏难度，尽量在 10 分钟内做完。

045 人造卫星游戏

这是爸爸们最喜欢的游戏之一。
只需 3 分钟就能消耗掉孩子的所有能量。

肌肉耐力与平衡能力

作者：基范爸爸
年龄：5 ~ 10 岁
准备材料：无

❶ 爸爸站在客厅中间扮演地球，孩子扮演卫星。

❷ 让孩子选择旋转的圈数，从 50 圈到 100 圈不等。

❸ 孩子围着爸爸旋转。

❹ 爸爸帮孩子数圈数。

❺ 对于 7 岁的孩子来说，40 圈是极限。在孩子开始感到头晕时要及时终止游戏。

046　过桥游戏

爸爸妈妈伸出腿作为桥，让孩子从“桥”上跳过去。
参与的人越多越有意思。

平衡能力

作者：基范爸爸
年龄：3～5岁
准备材料：无

❶ 爸爸和妈妈坐在地上伸直腿，腿与腿之间间隔 20 厘米左右。

❷ 孩子从“桥”上跳过去。

❸ 孩子熟练后可以试着跑跳着过“桥”，也可以一边唱歌一边过“桥”。

047 躺着颠球

晚上睡不着的时候可以进行该游戏。
一个人可以颠球，2 个人可以传球。

肌肉耐力与协调反应能力

作者：民亨、民智、贤宇爸爸
年龄：5 ~ 10 岁
准备材料：足球或者篮球

❶ 给孩子规定颠球的次数。

❷ 然后让孩子躺在地板上开始用手颠球。

❸ 爸爸在旁边帮忙数数。

048 枕头斗牛

在现实中，斗牛是一项激烈的体育运动，但爸爸可以利用枕头和孩子进行一场轻松的斗牛游戏。

平衡能力与灵活性

作者：民亨、民智、贤宇爸爸
年龄：5～7岁
准备材料：大枕头

❶ 爸爸将大枕头放在肚子前面，孩子站在离爸爸3米远的地方。

❷ 爸爸喊开始后，孩子一边发出“哞——”的声音，一边奔向爸爸。

❸ 孩子跑到爸爸面前时一头撞在枕头上。

❹ 爸爸假装被撞倒，倒在地上。

049 牛奶盒射门

游戏靠的就是想象力。只要有创意，牛奶盒也可以用来做游戏。

协调反应能力与灵活性

作者：根熙、秀斌爸爸
年龄：5 ~ 10岁
准备材料：牛奶盒 1 个、线或者绳子

❶ 在牛奶盒上钻个孔，将线系在上面。

❷ 爸爸拽着线头，将盒子扔出去，让孩子用脚踢盒子。

❸ 孩子踢中了，爸爸就高喊“命中”。

❹ 也可以用同样的方法做棒球游戏。

050 跳绳波浪

爸爸和妈妈摇动 1 根跳绳制造波浪，孩子从波浪上跳过去。

协调反应能力和敏捷性

作者：根熙、秀斌爸爸
年龄：5 ~ 10 岁
准备材料：跳绳 1 根

❶ 爸爸和妈妈握住跳绳的两端。

❷ 上下摇动跳绳，让孩子努力从绳子上跳过去。

❸ 爸爸有时高喊“波浪来了”，有时高喊“鲨鱼来了”。

051　白细胞游戏

爸爸扮演病原体，孩子扮演白细胞。
通过游戏让孩子学习有关白细胞的知识。

协调反应能力与灵活性

作者：小英爸爸
年龄：7 岁以上
准备材料：大球 1 个、小球 1 个

❶ 爸爸抱着小球扮演病原体，孩子抱着大球扮演白细胞。

❷ 爸爸喊“病原体，战胜对方”，孩子喊“白细胞，战胜对方”。

❸ 最后让“白细胞”战胜“病原体”，并奖励孩子零食以补充能量。

052 气球战争

爸爸和孩子以气球为武器互相攻击对方。

肌肉耐力与灵活性

作者：艺亨、俊亨爸爸
年龄：3～7岁
准备材料：气球4个

❶ 吹4个气球，爸爸和孩子一手拿一个。

❷ 宣布“开战”后便进攻对方。

❸ 爸爸表示投降，退出客厅。

❹ 如果孩子还有力气可以继续该游戏。

053　逃脱箱子监狱

假装箱子就是监狱，让孩子努力逃出监狱。

灵活性与敏捷性

作者：基范爸爸
年龄：3 ~ 4 岁
准备材料：大箱子 1 个、小箱子 1 个

❶ 将大箱子放在地上打开上面的盖子。

❷ 把孩子抱进箱子里，并告诉孩子这是监狱，要努力逃出来。

❸ 将小箱子压平放在大箱子上面。

❹ 孩子开始"越狱"，爸爸在旁边喊"快逃"。

054 接球游戏

接球不一定非要用手或者手套。
只要我们转换思维，废纸桶也可以用来接球。

协调反应能力与灵活性

作者：小英爸爸
年龄：5～10岁
准备材料：乒乓球或者网球、废纸桶

❶ 爸爸和孩子之间保持一定距离。

❷ 孩子抱着废纸桶。

❸ 爸爸扔出球后，孩子努力用桶接住。

❹ 在此过程中爸爸要时刻注意调整距离，尽量让孩子接到90%以上的球。

055 大雪中的剑客

孩子作为剑客，用刀挥砍报纸。

协调反应能力与敏捷性

作者：艺亨、俊亨爸爸
年龄：3 ~ 7 岁
准备材料：报纸 5 张、玩具刀、椅子

❶ 将报纸撕成碎片。

❷ 爸爸拿着报纸碎片站在椅子上。

❸ 孩子拿着玩具刀站在椅子前做好准备。

❹ 爸爸将报纸碎片撒下去。

❺ 孩子要先大喊一声“呀！”，然后开始挥刀。

056 大树脱逃记

爸爸的腿作为树洞，孩子试着从中间逃出去。

肌肉耐力与敏捷性

作者：基范爸爸
年龄：3～5岁
准备材料：无

❶ 爸爸坐在地板上。

❷ 两腿搭在孩子的腰和背上。

❸ 爸爸喊“开始”后，孩子用力挣脱。

❹ 爸爸利用手脚阻止孩子的挣脱。

❺ 该游戏也可以和两个孩子一起玩。

057 幼虫游戏

在卧室里进行的游戏。用被子将孩子卷起来，然后让孩子试着从里面逃脱出来。

控制力与敏捷性

作者：语珍、贤明爸爸
年龄：3 ~ 10岁
准备材料：薄被子

❶ 用被子将孩子卷起来。

❷ 让孩子利用身体从被子中挣脱出来。

❸ 爸爸在旁边鼓励孩子，连呼："挣脱！"

❹ 孩子成功后，爸爸要感叹地说："漂亮的幼虫出来了。"

058　击破气球游戏

将气球吊在天花板上，然后用东西将气球扎破。

肌肉耐力与协调反应能力

作者：小英爸爸
年龄：5～7岁
准备材料：气球、彩纸、袜子团、胶带

❶ 将彩纸剪碎放到气球中。

❷ 将气球吹起来后吊在天花板上，位置要稍微高于孩子的身高。

❸ 孩子用沙包或是袜子团击打气球。

❹ 如果气球一直不破，爸爸可以用针将气球扎破。

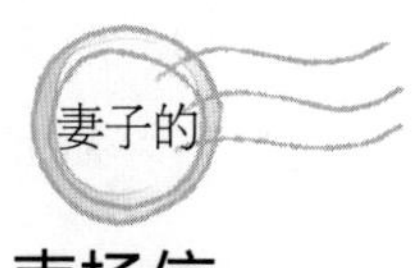

表扬信

不断努力寻求改变的丈夫

虽然丈夫很喜欢被称赞，但我却是一个比较吝惜赞美之词的人，故而也不擅长赞美。相比丈夫给我的众多称赞，我对他的称赞似乎少得可怜。

丈夫其实有很多优点。不论是作为父亲、丈夫，抑或男人，在我看来，他最大的优点就是坚持不懈地进行自我提高。他学习剑道至今已有6年了。边上班边学习真的不是一件容易的事。每每看到他早晨6点出门的身影，我就深信这样一个人一定什么都可以做到。

我们夫妇不太喜欢看电视，所以总是为了追求自己的梦想看书到深夜。最近他又开始学习日语。作为女人，与这样一个值得期待的男人一起生活，真是无比快乐。如果您能理解这一点，那一定能够知道我有多么幸福。

一旦不用加夜班，丈夫会很早回家。这时丈夫看起来比书律还要开心，只因为能够陪孩子玩耍。我们两个人并不想把孩子打造成天才或是神童。像大多数家长一样，我们希望书律能够充分发挥自己的才能，生活幸福。加上书律爸爸的爱与努力，我相信书律一定能够成为“一棵好苗子”。

这么说也许有些冒昧，但我仍想称赞所有想要成为好爸爸的人，不仅仅是我的丈夫。

所有正在努力的父亲，期待你们的明天。

加油！

书律妈妈

PART 2

培养未来的“爱迪生”：创意力与观察力提高游戏

每个“爱迪生”的背后都有一个好爸爸!

爸爸：阿尔瓦，你在这里做什么呢？（爱迪生的家人已经在村子里找了他2个小时。他的爸爸压抑住愤怒的情绪说了这句话。）

爱迪生：听说抱着鸡蛋就能生出小鸡来，所以我一直在这里抱着鸡蛋。

这是发生在爱迪生身上的一个很有名的故事。爱迪生为了孵化小鸡而亲自跑到鸡笼里抱着鸡蛋。这种做法相当有创意。

创意力是知识与经验结合的产物，具有不可预测性与不可推理性，需要足够的空间感知能力以及自由精神。家长都希望将自己的孩子培养成像爱迪生、爱因斯坦、李舜臣将军（朝鲜海军将领）、李恒福（朝鲜古代名人）、法布尔、西顿一样富有创意的人。这些人之所以具有相当强的创意力，是因为从小生活在山间、田野间、小溪旁，吸收了自然的浩然之气，不受万物观念的拘束，具有自由精神。

培养孩子的创意力，除了需要多阅读，更为重要的是爸爸的影响——孩子在与爸爸游戏的过程中获得的空间感知能力以及自由精神恰恰是孕育创意力的土壤。此外，还需要留意的就是大自然。大自然是一个伟大的导师，它一年四季、时时刻刻都在变化，具有很多不可推理与预测的奇异之处，是激发孩子好奇心的原动力。

059 洞穴探险

把卧室或者房间弄得像洞穴一样黑，然后在里面做寻找物品游戏。

想象力

作者：小英爸爸
年龄：3 ~ 5岁
准备材料：手电筒

❶ 确定好要寻找的 5 样东西，然后将它们藏在房间里。

❷ 将手电筒放在门厅，这样爸爸和孩子回到家后便可以开始洞穴探险游戏。

❸ 爸爸告诉孩子要寻找的东西是什么，然后拿着手电筒给孩子照明。

❹ 爸爸作为引导员，孩子努力寻找那几样东西。

❺ 爸爸可以时而大喊“有蛇！”“蝙蝠！”等来增加游戏的紧张感。

060 塑料瓶乐器

在塑料瓶中加入谷物，摇晃瓶子进行演奏。
和孩子一边用瓶子打拍子，一边唱歌。

创意力

作者：基范爸爸
年龄：3 ~ 7 岁
准备材料：塑料瓶 4 个、米、豆子、石头等

❶ 在空塑料瓶中加入各种谷物（可以加入水或者石头）后盖上盖子。

❷ 和孩子一边打拍子一边唱歌。

❸ 也可以一家人合唱。

061 制作椅子之家

在椅子上铺上两床被子，椅子瞬间变成一个家。

空间感知力

作者：基范爸爸
年龄：3 ~ 7 岁
准备材料：椅子 4 把、薄被子 2 ~ 4 床

❶ 在客厅中放 4 把椅子，相互间隔 50 厘米成正方形。

❷ 在上面横、竖各放 1 床被子。

❸ 完成之后，可以让孩子像通过隧道一样从中通过，也可以让孩子在里面读书或者睡觉。

062 米饼三明治

用简单的材料进行组合诞生新的东西，培养孩子的好奇心。

想象力

作者：基范爸爸
年龄：3 ~ 10岁
准备材料：圆形米饼、冰激凌

❶ 孩子水平拿着米饼。

❷ 爸爸在上面涂冰激凌。

❸ 然后在冰激凌上再放上一张米饼。

❹ 将米饼三明治切成两半。

063　好吃的兔子面具

材料为圆形米饼。不需要工具，用手就可以制作出兔子形状的面具。

创意力

作者：基范爸爸
年龄：3 ~ 5岁
准备材料：米饼、绳子

❶ 将一张米饼掰成两半，其中一半用于制作面具主体。

❷ 为了让鼻子露出来，将遮住鼻子的部分去掉。

❸ 在眼睛的部位挖两个洞。

❹ 将剩下的一半米饼掰出两个半月形的“耳朵”黏在面具上（只要用舌头舔 3 秒以上，米饼就会产生黏性）。

❻ 在面具左右两边各扎两个眼，穿上绳子，再将绳子戴在耳朵上。

064 制作报纸舰队

仅用报纸就能马上做出大型航空母舰。
当然也可以做一些小船，组成舰队。

创意力

作者：基范爸爸
年龄：3～7岁
准备材料：报纸20张、胶带

❶ 准备好20张2开、4开、8开、16开、32开等大小不同的报纸。

❷ 选择喜欢的报纸，将其折成船。

❸ 用8张2开的报纸制作出长度为60厘米的巨大舰艇。

❹ 然后用剩下的报纸做出20～30艘大小不一的艘船，组成舰队。

❺ 给每艘船起名字、涂颜色。

❻ 给孩子讲述航空母舰、战争、海军的故事，然后打一场“海上战争”。

065 米饼雨伞

用米饼制作雨伞。
在孩子看来，米饼的变身就像变魔术一样。

创意力

作者：基范爸爸
年龄：3 ~ 4岁
准备材料：米饼两张

❶ 将米饼放在地上，用手指在边上用力按。

❷ 将按压的部分轻轻钻一个孔。

❸ 将食指插入孔中举在头上作为雨伞。

066 纸杯眼镜

只要有 2 个纸杯，就可以随时制作眼镜。

创意力

作者：基范爸爸
年龄：3 ~ 7 岁
准备材料：纸杯两个、绳子、铅笔

❶ 用铅笔或是圆珠笔在杯子底部钻两个小洞。

❷ 将两个杯子像眼镜片一样连接起来。

❸ 最后绑上绳子挂在耳朵上。

067　制作米饼作品

只要有米饼，不论在哪里都可以制作出多种多样的东西。
边吃边发挥想象力的游戏。

想象力

作者：基范爸爸
年龄：4 ~ 7岁
准备材料：米饼 1袋

❶ 和孩子一起想一想要用米饼做什么。

❷ 云彩、月亮、汽车、蛇或者大树，和孩子一边吃一边做。

❸ 做好后，问孩子做的是什么。

068 纸杯藏硬币

和孩子一起在客厅进行的游戏，需要爸爸有一定的手法。

观察力

作者：基范爸爸
年龄：3 ~ 10岁
准备材料：纸杯 2 ~ 10个、1 枚硬币或者瓶盖

❶ 将纸杯倒扣在地板上，在其中 1 个纸杯下放入硬币（瓶盖）。

❷ 快速转换杯子的位置，让孩子猜硬币（瓶盖）在哪里。

❸ 根据孩子年龄的不同，可以使用 3 ～ 10 个纸杯。

069 用长吸管喝水

将吸管连接在一起喝水。

心肺持久力

作者：基范爸爸
年龄：5 ~ 7 岁
准备材料：吸管 10 根、胶带、杯子

❶ 用胶带将 10 根吸管连接在一起（如果困难，也可以从两根开始，然后逐渐增加吸管的数量），制作一根 1 米多长的吸管。

❷ 爸爸将吸管固定在杯子中。

❸ 孩子用做好的吸管喝水。

070 泡澡美术

在泡澡的时候做的游戏，孩子可以把爸爸的身体作为画布。

想象力

作者：源俊、源英爸爸
年龄：5 ~ 10 岁
准备材料：水性颜料

❶ 在画之前和孩子一起商量画什么。

❷ 爸爸用手指（也可以使用画笔）蘸着颜料在孩子的手臂、臀部、腹部、胸部画画。

❸ 画完后转换角色，由孩子在爸爸身体上画画。

071 吸管项链

用吸管制作漂亮的项链（也可以制作手链）。
可以帮助孩子打破对吸管的固有认识。

创意力

作者：基范爸爸
年龄：3 ~ 5 岁
准备材料：吸管、线、剪刀

❶ 将吸管剪成 1 厘米长短的段。

❷ 用线将吸管段穿在一起。

❸ 可以将不同颜色的吸管搭配使用。

072 袜子问答

仅用袜子，爸爸就可以和孩子做问答游戏。

观察力

作者：基范爸爸
年龄：3 ~ 5 岁
准备材料：袜子 4 双、零食

❶ 在不同的袜子中放入零食。

❷ 打乱袜子的顺序。

❸ 将袜子放在 1 米之外，让孩子说出零食在哪只袜子里。

❹ 根据孩子的年龄，可以适当增减袜子的只数。

073　制作橘子人偶

让孩子知道橘子皮也可以成为制作人偶的材料。

创意力

作者：民亨、民智、贤宇爸爸
年龄：5 ~ 10 岁
准备材料：橘子、签字笔

❶ 将橘子皮整个剥下来。

❷ 放在另一个橘子上作为人偶的头发。

❸ 用签字笔给人偶画上眼睛、鼻子、嘴巴、耳朵。

074 电脑桌房子

孩子很喜欢狭窄的空间，因为这会使他们重温在妈妈肚子里的感觉。下面就为孩子打造这样一个空间吧。

空间感知力

作者：胜贤、胜敏爸爸
年龄：3 ~ 5 岁
准备材料：被子两床、电脑桌、椅子、衣服夹

❶ 将两床被子盖在电脑桌上并留一个出口。

❷ 用衣服夹将两床被子夹住。

❸ 让孩子在里面玩玩具或者读童话书。

075 打孔纸飞机

仅用一个打孔机，就能做出新式飞机。

灵活性与爆发力

作者：民亨、民智、贤宇爸爸
年龄：5～10岁
准备材料：纸、打孔机

❶ 让孩子用打孔机在纸上的任意部位打孔。

❷ 用打过孔的纸叠飞机，这样新式飞机就诞生了。

❸ 可以用打孔纸飞机进行扔飞机比赛，也可以进行飞机投壶游戏。

076 衣架钓“鱼”

用坏的铁衣架制作钓鱼竿。

协调反应能力与空间感知力

作者：民亨、民智、贤宇爸爸
年龄：5 ~ 10 岁
准备材料：铁衣架、线、玩具

❶ 将衣架拆开做成钓鱼竿。

❷ 用衣架的顶端弯曲部分做鱼钩，然后用线连接鱼竿和鱼钩。

❸ 把玩具当作鱼，并给每个玩具起名字，例如鲨鱼、小丑鱼等。

❹ 将玩具放在客厅的地上开始钓“鱼”。

❺ 当孩子钓上“鱼”后，爸爸一定要夸奖孩子。

077 制作小孩之家

用废弃的抽屉柜做出孩子喜欢的玩具。

想象力

作者：天地爸爸
年龄：3 ~ 5 岁
准备材料：废弃的抽屉柜 1 个、彩色壁纸

❶ 准备 1 个废弃的抽屉柜。

❷ 如果是 3 层的抽屉柜，去掉上面两层抽屉，仅留最下面 1 层。

❸ 用彩色壁纸将抽屉的顶部、四周、底部贴好。

❹ 至此，“爸爸牌”小房子就做好了。

078 纸扇台风

将纸箱子做成大扇子，然后扇风。

想象力

作者：基范爸爸
年龄：3～4岁
准备材料：纸箱子 1个

❶ 妈妈抱着孩子坐在地上。

❷ 爸爸将箱子压平，然后用箱子扇风。

❸ 定好风的级数。

❹ 当风刮到 12 级时，爸爸要喊“台风来了——”，妈妈抱住孩子大喊“好冷啊——”。

079 妙脆角宇宙飞船对接

利用妙脆角进行宇宙飞船游戏。
该游戏可以增加孩子对宇宙空间的想象力。

协调能力与想象力

作者：基范爸爸
年龄：3～5岁
准备材料：妙脆角

❶ 将三个妙脆角叠插在孩子的一根手指上作为宇宙飞船。

❷ 爸爸拿着一个妙脆角等待与“宇宙飞船”对接。

❸ 孩子举着妙脆角绕着客厅跑一周，并发出“嗡——嗡——”的引擎声。

❹ 然后与爸爸手中的妙脆角对接。

❺ 爸爸高喊“成功”并夸奖孩子。

080　衣柜变身游戏

我们可以利用衣柜中的衣服和孩子一起做变身游戏。

想象力

作者：民亨、民智、贤宇爸爸
年龄：3～7岁
准备材料：衣柜里的衣服

❶ 先问一问孩子想要变身为什么人，比如超人、电影演员、棒球选手、总统等。

❷ 然后利用衣柜里爸爸妈妈的衣服帮助孩子变身。

❸ 游戏结束后将衣服归回原位。

081 寻球魔术

该游戏能够刺激孩子的大脑，促进情感发育。

观察力

作者：书律爸爸
年龄：3 ~ 5岁
准备材料：乒乓球或网球

❶ 爸爸穿一件宽大的衣服坐在孩子对面。

❷ 爸爸抓着球，一边喊“魔术”，一边上下移动球。

❸ 将球藏在袖子里或者其他地方。

❹ 让孩子找球。

082 种植物

很多孩子对种植东西都十分感兴趣，所以爸爸可以利用空塑料瓶来种植各种各样的植物。

观察力

作者：基范爸爸
年龄：3 ~ 10 岁
准备材料：塑料瓶、洋葱、红薯、土豆等植物

❶ 由爸爸选择一种植物种在塑料瓶中，让孩子也选择一种植物来种。

❷ 在塑料瓶中插上写有种植人的名字的卡片。

❸ 指导孩子每周写一篇观察日记。

083 米饼王冠

边吃米饼边做王冠。
做好王冠后，爸爸可以讲一个有关国王的故事。

想象力

作者：基范爸爸
年龄：3 ~ 7 岁
准备材料：米饼、绳子或是线

❶ 用手将米饼掰成王冠的样子。

❷ 用绳子或者线将王冠固定在孩子头上，这样王冠就完成了。

❸ 最后拍照留念。

084　穿袜子游戏

一次穿 10 只袜子。
孩子看到自己的脚变得比以前大很多，会感到十分新奇。

观察力

作者：基范爸爸
年龄：5 ~ 10 岁
准备材料：5 双袜子

❶ 将所有的袜子都穿在孩子的一只脚上。

❷ 要一边数袜子的只数，一边穿。

❸ 给孩子穿好后，爸爸和孩子比脚的大小，然后给孩子说明变化的原因。

❹ 让孩子走一走，体会一下穿很多袜子的感觉。

085 叠袜子游戏

将家人所有的袜子收集在一起后开始游戏。
妈妈会很喜欢这个游戏。

观察力

作者：基范爸爸
年龄：3 ~ 5 岁
准备材料：家人的袜子

❶ 将挂在晾衣架上的袜子收回来。

❷ 将袜子分类，爸爸的袜子、妈妈的袜子、孩子的袜子分开放。

❸ 如果孩子太小，可以由爸爸先做示范。随着孩子年龄的增大，可以逐渐加大游戏的难度。

086 动物模仿游戏

爸爸和孩子玩石头、剪刀、布，输的人模仿动物的动作。

想象力

作者：语珍、贤明爸爸
年龄：3～7岁
准备材料：无

❶ 进行石头、剪刀、布的游戏。
❷ 赢的人说出一种动物的名称，输的人模仿这种动物的动作。
❸ 例如老虎、猴子、金鱼、大象、狮子、蛇等，充分发挥孩子的想象力。
❹ 给孩子足够的思考时间。

087 泡沫头发

孩子们只要有水就可以玩得很开心。只要有浴池，大家就可以成为好爸爸。

想象力

作者：基范爸爸
年龄：3 ~ 5 岁
准备材料：肥皂

❶ 在头发上抹上肥皂，然后揉出泡沫。

❷ 将头发梳成各种形状、例如骆驼、剪刀、小辫子等。

088 涂鸦墙

将白纸贴在墙上，孩子就会自发地在上面画画。

想象力

作者：天地爸爸
年龄：3 ~ 7岁
准备材料：白纸、彩笔或者蜡笔等绘画工具

❶ 将白纸贴在墙壁上。

❷ 让孩子随意在上面涂鸦。

❸ 可以让孩子画童话故事中的主人公，也可以让孩子利用各种彩纸、报纸，或是杂志上的图片等拼接成一幅画。

❹ 给孩子的作品拍好照片后，换上另一张白纸继续游戏。

089 衣柜上下铺

孩子出于本能，喜欢待在比较狭窄阴暗的地方，所以爸爸可以将衣柜中的衣服拿出去，为孩子们做一个上下铺。

空间感知力

作者：圭丽、圭源、圭民、圭真爸爸
年龄：3 ~ 7岁
准备材料：衣柜、被子

❶ 衣柜中有两层放被褥的地方。爸爸可以把被子铺在里面作为上下铺。

❷ 让孩子在上下铺上玩耍。

❸ 为了孩子的安全，要在地上铺好被子。

090 米饼月亮

给孩子讲授有关月亮的知识。
一张米饼就足以调动起孩子对月亮的好奇心。

想象力

作者：基范爸爸
年龄：3 ~ 5岁
准备材料：米饼 1张

❶ 爸爸和孩子对坐在地板上。

❷ 爸爸举着米饼，告诉孩子这是“圆月”。

❸ 然后将米饼掰成两半，告诉孩子这是“半月”。

❹ 最后给孩子介绍什么是“弦月”。

表扬信

我要“告发”我的丈夫，徐夫贤

我是徐夫贤的爱人赵淑熙。我丈夫是一名电脑讲师。儿子源俊出生后，丈夫只知道亲孩子，从来没有给孩子换过一次尿布，也不和孩子玩，致使孩子只跟我亲近。所以对于我来说，家就是第二职业。丈夫每天一回到家，就拿着电视遥控器不放，然后以解除疲劳为由，倒头就睡。照顾孩子、做家务让我筋疲力尽，为此我哭过很多次。

以这样的模式过了两年，源英出生了。源英十分可爱，但是丈夫从没有好好抱过她。所以比起爸爸，孩子更喜欢舅舅。孩子对爸爸是否上班、是否在家毫不关心，就算爸爸在外因参加培训两周不在家，孩子也不会找爸爸。但不懂事的丈夫丝毫不清楚问题的严重性，甚至觉得孩子简直是孝子孝女，一点都不烦爸爸。

源俊长到 4 岁的时候，为了不让他像其他孩子那样沉迷于电视节目，我把电视机收了起来，然后在客厅的一角放了书架、绘画板。从此丈夫开始有了变化。一周后，凭借书和故事，爸爸的存在感上升了。从原来的 0 分老爸变成了

30分老爸。

丈夫去年因为加入了“爸爸游戏学校”而到处炫耀，甚至时而写些育儿感想。那时我还损他，说他是个“虚伪的家伙”。但是在不知不觉中，丈夫开始发自内心地与孩子融为一体。源英也开始关注爸爸的下班时间。每到下午5点，她就会给爸爸打电话催他早点回家。这是我从没有看到过的景象。虽然也会有些嫉妒，但是这样的丈夫真应该给他90分。剩下的10分，就让他用今后的努力来获得吧。

丈夫，为了剩下的10分加油吧!

源俊、源英妈妈

PART 3

与朋友和谐相处：语言交际能力与感情交流能力提高游戏

与爸爸一起游戏，更有助于孩子社交能力的形成

社交能力是一种与人相处的能力。从前由于大家庭比较多，所以孩子们很容易学会如何与人相处，但现在随着核心家庭和独生子女的增多，孩子的社交能力的形成变得不再那么容易。

30年前，孩子们经常在街头巷尾一起玩耍，而其社会性也在玩耍的过程中得以形成。但现在小巷时代已经结束，客厅时代开始拉开帷幕——孩子们更多的时候是待在家里。

虽然现在家庭收入在不断上升，生活越来越富裕，但钱买不来社交能力。因为社交能力的形成需要时间，需要人与人的接触与交流。

现在，在中小学生中孤立问题日益严重。很多孩子为此苦恼。社交能力强的孩子绝不会被孤立，因为他们懂得如何与人交流。被孤立的孩子往往缺乏社交能力。所以爸爸们快站出来，每天和孩子做10分钟游戏。通过与爸爸的沟通，孩子的社交能力将获得提高。

091 蝉翻树

让孩子从爸爸身上翻滚过去的游戏。

灵活性

作者：基范爸爸
年龄：5 ~ 10岁
准备材料：无

❶ 爸爸扮作大树，孩子扮作蝉。

❷ 孩子像蝉一样从爸爸身上翻滚过去。

❸ 爸爸用很粗的声音说“蝉在向前爬行呢”。

❹ 爸爸上下移动自己的身体，提高游戏的难度。

092 报纸电话

只需两张报纸，就可以和孩子一起做打电话的游戏。

语言交际能力

作者：基范爸爸
年龄：3 ~ 7 岁
准备材料：报纸两张、胶带

❶ 将其中一张报纸卷起来作为一部电话。

❷ 爸爸和孩子在报纸两端小声聊天。

❸ 再做一部电话，这样爸爸与孩子就可以一边说一边听了。

❹ 主要聊一些孩子感兴趣的话题。

093 旅行游戏

利用孩子的本能，只要有旅行箱就可以做游戏。

想象力

作者：基范爸爸
年龄：3 ~ 5岁
准备材料：旅行箱

❶ 设定好“周末旅行”的主题，然后在各个房间的门上贴上写有“动物园”“花房”“水族馆”等字样的卡片。

❷ 将孩子放进旅行箱里，然后问孩子“去哪里”。孩子给出答案后，就拉着孩子去相应的房间。

❸ 如果到了“动物园”便问孩子想看哪种动物，当孩子说出答案后，爸爸就为孩子介绍该种动物。

094 晚间散步

与孩子做游戏要循序渐进。
对于孩子来说，与爸爸在一起散步本身就是一种游戏。

语言交际能力

作者：民亨、民智、贤宇爸爸
年龄：3 ~ 10岁
准备材料：无

❶ 吃完晚饭后，与孩子一起外出散步。

❷ 散步时孩子一定会问很多问题，爸爸要认真听取和回答孩子的问题。这样父子之间的沟通自然而然就增加了。

❸ 散步时爸爸可以和孩子一起唱歌、聊天。

095 被子山追击战

爸爸和孩子围着被子山展开追击战。

爆发力与敏捷性

作者：艺亨、俊亨爸爸
年龄：2 ~ 3岁
准备材料：被子、枕头

❶ 将被子盖在枕头上作为山坡。

❷ 爸爸和孩子分别趴在山坡的两边。

❸ 爸爸悄悄地靠近孩子，嘴里不断地发出“昂”的声音，让孩子快跑，或者高喊“抓住了”。

❹ 为了增加游戏的紧张感，爸爸也可以模仿“嗒嗒”的马蹄声。

096 理发游戏

爸爸扮演理发师，孩子扮演客人，一起玩理发游戏。

想象力

作者：基范爸爸
年龄：5 ~ 10岁
准备材料：无

❶ 爸爸对孩子说“欢迎光临”，让孩子坐在椅子上。爸爸嘴里发出“嘶嘶”的声音，假装往孩子的头发上喷水。

❷ 一手抓住孩子的头发，一手举起中指和食指当作剪子，嘴里发出“咔嚓咔嚓”的声音，给孩子“剪”头发。

❸ 将孩子的头放倒，做出洗头的动作，最后假装用毛巾把孩子的头发擦干。

097 卖豆腐游戏

这是一项传统游戏，不需准备任何材料。

想象力

作者：基范爸爸
年龄：3 ~ 10 岁
准备材料：无

❶ 爸爸把孩子背在身后，一手揽住孩子的脖子，一手揽住孩子的腿，然后高喊“卖豆腐了——，卖豆腐了——”。

❷ 妈妈过来问：“豆腐多少钱？”

❸ 爸爸回答：“500 元。”这时妈妈用手捏孩子的脸部、颈部、胸部装出吃豆腐的样子。

❹ 妈妈一边“吃”，一边说“味道有些怪”“吃起来也有些硬”，然后继续“试吃”其他部分。

098　用表情唱歌

唱歌不一定要发出声音，在该游戏当中，只要对口型就可以。

表现力

作者：基范爸爸
年龄：3～7岁
准备材料：无

❶ 让孩子选择要唱的歌曲。

❷ 爸爸与孩子相向站立，两眼直视对方。

❸ 爸爸和孩子一起用表情唱歌，不要发出声音。

❹ 在唱歌时，尽量做出夸张的表情。

099 老虎漫步

孩子扮演老虎，在客厅里爬行。

灵活性与表现力

作者：基范爸爸
年龄：3～7岁
准备材料：无

❶ 孩子扮演老虎，四肢着地在客厅里爬行。

❷ 孩子一边爬一边发出老虎的咆哮声。

❸ 这时爸爸要装出很害怕的样子。

100　体育转播

爸爸作为解说员解说球赛。
通过该游戏，可以增加父子之间的交流。

灵活性与敏捷性

作者：圭丽、圭源、圭民、圭真爸爸
年龄：3～7岁
准备材料：人偶1个、枕头4个

❶ 枕头两两一组，分别摆在两边作为球门。

❷ 将人偶作为足球，两兄弟开始踢球。

❸ 爸爸在旁边，一边看一边解说。

101 箱里秘密对话

爸爸和孩子将头伸进箱子里，通过聊天交换秘密。

语言交际能力

作者：基范爸爸
年龄：3 ~ 10岁
准备材料：纸箱 1 个

❶ 将纸箱两头全部打开。

❷ 爸爸举着箱子，和孩子对坐在箱子两头。

❸ 聊一些孩子感兴趣的话题，例如朋友、食物、想去的地方，或者想要和爸爸做什么等。

❹ 说话时速度要慢，声音要小。

102　被中作曲

这是一个通过作曲释放压力的游戏。

心肺持久力

作者：基范爸爸
年龄：3～7岁
准备材料：被子 1床

❶ 在卧室或者客厅中进行，爸爸和孩子同时钻到被子底下。

❷ 爸爸和孩子一起数“1、2、3”，然后同时大声呐喊。

❸ 也可以模仿各种动物的声音。

103　报纸漫游通话

因为通话时看不到对方，所以可以将一些小秘密告诉对方。

语言交际能力

作者：基范爸爸

年龄：3～5岁

准备材料：报纸 10张、胶带

❶ 将 10 张报纸卷分别成筒，然后用胶带固定好。

❷ 将 10 个报纸筒连接起来。

❸ 爸爸和孩子各在一个房间进行通话。

104 报纸跳绳

只用报纸也可以做跳绳游戏，只要将报纸连接起来即可。

敏捷性与肌肉控制力

作者：基范爸爸
年龄：5～10岁
准备材料：报纸6张、胶带

❶将6张报纸分别卷成筒用胶带固定好。

❷然后将这些报纸筒连接起来。

❸报纸连接好后，爸爸、妈妈各拿“绳子”的一端同时朝一个方向甩动，孩子便可以跳绳了。如果将10张以上的报纸连接起来，可以容纳3个人同时跳绳。

❹孩子一边唱着歌曲《小宝贝》，一边跳。

105 纸箱吉卜赛房屋

利用箱子，制造一个属于孩子自己的空间。

灵活性与肌肉控制力

作者：基范爸爸
年龄：3 ~ 7 岁
准备材料：纸箱 6 个、胶带

❶ 将 6 个纸箱展开，用胶带连接起来，拼成一块大纸板。

❷ 将纸板铺在客厅的地板上。

❸ 让孩子在纸板下面钻来钻去。

106 被子小巷

爸爸、妈妈各拿一床被子做城墙，孩子从被子中间跑过。

敏捷性

作者：基范爸爸
年龄：3～5岁
准备材料：被子两床

❶ 爸爸和妈妈相向而立，相距50厘米，手中各拿一床被子，形成一条“被子小巷”。

❷ 孩子从“小巷”中跑过。

❸ 将“巷子”的宽度逐渐缩小到30厘米、10厘米……直到被子完全贴合在一起。

107 渔夫游戏

爸爸和妈妈扮演渔夫来抓鱼。
这是一个需要演技的游戏。

敏捷性

作者：基范爸爸
年龄：3 ~ 7 岁
准备材料：被子 1 床

❶ 让孩子扮演一种自己最喜欢的鱼。爸爸和妈妈拿着被子的两端，将被子弄成一张 U 形渔网。
❷ 爸爸妈妈一边喊“抓 ×× 啦”，一边慢慢靠近孩子。
❸ 当孩子落入网中后，爸爸妈妈要一边摸着孩子的脑袋一边说“我们来尝尝 ×× 的味道怎么样”。

108 被子拔河

如果是两个人用 1 床被子即可。如果是 4 个人，可以用两床被子交叉成 X 型。

肌肉耐力

作者：小新爸爸
年龄：3 ~ 7 岁
准备材料：薄被子

❶ 爸爸和老大一组，妈妈和老二一组。

❷ 一边喊“用力，用力”，一边拽着被角拔河。

❸ 胜者高呼“万岁”3 次，败者为胜者鼓掌。

109　被子方舟

爸爸和妈妈一起用被子拉着孩子向前走。

协调能力与平衡能力

作者：基范爸爸
年龄：3～5岁
准备材料：薄被子 1床

❶ 让孩子躺在被子上或者坐在被子上。

❷ 爸爸、妈妈分别拽着被子的两边向前拉。

❸ 向前运动的时候，爸爸要发出汽笛声。

110 塑料袋冰车

塑料袋表面光滑、摩擦力小，爸爸可以利用这一特性和孩子做滑冰车的游戏。

协调能力与平衡能力

作者：基范爸爸
年龄：3 ~ 5岁
准备材料：大塑料袋

❶ 让孩子坐在塑料袋里面。

❷ 爸爸拉着塑料袋向前走。

❸ 爸爸模仿汽车开动时的声音。

❹ 速度要慢，过快会让孩子感到害怕。

111　抓气球

将气球吹起来，并用拇指和食指掐住吹气口，然后瞬间放手，让气球飞走。

协调反应能力与爆发力

作者：基范爸爸
年龄：5 ~ 10岁
准备材料：气球5个

❶ 爸爸坐在地板上，孩子站在离爸爸2米远的位置。

❷ 爸爸将气球吹起来后，将其举高。

❸ 数三下后放手。

❹ 气球飞走。

❺ 孩子跑过去抓住气球。

112 气球漫步

这个游戏既可以在家里做，也可以在户外做。

灵活性

作者：基范爸爸

年龄：4 ~ 7 岁

准备材料：气球 10个、晾衣绳 1 条

❶ 将 10 个气球吹好。

❷ 把晾衣绳放在地上，将气球绑在上面。

❸ 将晾衣绳系在孩子的脚踝上。这样孩子跑动的时候，气球也会跟着动起来。

113 犀牛打架

模仿犀牛的特征，激发孩子的想象力。

想象力

作者：基范爸爸
年龄：3 ~ 7岁
准备材料：妙脆角

❶ 爸爸和孩子将妙脆角放在鼻子前。

❷ 然后额头相对。

❸ 模仿犀牛打架的样子并发出“哼——哼”的声音。

❹ 示威 3 ～ 4 遍后，爸爸装作很害怕的样子，一边说“好可怕”，一边转过身去。

❺ 反复做以上动作。

114　老虎打架

老虎是丛林之王。利用妙脆角将老虎拟人化。

想象力

作者：基范爸爸
年龄：3～5岁
准备材料：妙脆角

❶将妙脆角戴在10根手指上。

❷互相对视，伸出“利爪”，发出“嗅——”的声音。

❸示威3～4遍后，爸爸装作很害怕的样子，一边说“好可怕”，一边转过身去。爸爸也可以在地上打滚表示害怕。

❹反复做以上动作。

115 纸杯问候

爸爸头顶纸杯，然后低头向孩子问好。孩子接住纸杯。

亲和力

作者：基范爸爸
年龄：3～4岁
准备材料：纸杯 1个

❶ 爸爸和孩子对坐在地上。

❷ 爸爸头顶纸杯，低头向孩子问好。

❸ 孩子接住杯子并回答“见到您很高兴”。

❹ 然后互换角色。

116 纸杯火车

爸爸只需做好纸杯火车即可，孩子会自发地玩起来。

想象力

作者：基范爸爸
年龄：3 ~ 4 岁
准备材料：纸杯 5 个 、线

❶ 在纸杯上钻孔，然后用线将纸杯串起来。

❷ 在线头上多系几个扣，方便孩子拿。

❸ 孩子拉着“火车”到处跑，爸爸在一边唱歌制造气氛。

117　水沙袋

沙袋很硬，但是水沙袋却很软。
爸爸可以给孩子制作一个水沙袋。

协调反应能力与肌肉耐力

作者：基范爸爸
年龄：3 ~ 5 岁
准备材料：塑料袋

❶ 教给孩子左勾拳、右勾拳、下勾拳、直拳等拳法。
❷ 在塑料袋中倒入 1/3 的水，系好袋口。
❸ 爸爸拿着塑料袋，让孩子击打。
❹ 孩子击打时，爸爸喊出动作的名称。

118 袜子沙袋

经常和皮肤有亲密接触的袜子也可以成为游戏道具。

协调反应能力与肌肉耐力

作者：基范爸爸
年龄：5 ~ 10 岁
准备材料：袜子 11 只

❶ 将 5 双袜子放在 1 只袜子里，做成球的样子。

❷ 爸爸拿着球，孩子像击打沙袋一样，用手或是用脚击打球。

❸ 如果孩子用手击打，爸爸就喊“左勾拳”“右勾拳”，如果孩子用脚踢打，爸爸就喊“下劈”。

119　下班捉迷藏

不论古今中外，捉迷藏都是孩子最喜欢的游戏之一。
因为捉迷藏的紧张感随时都能够让孩子们心跳不已。

亲密感

作者：彩源爸爸
年龄：3～10岁
准备材料：无

❶ 下班到家时，提前5分钟给孩子打电话，告诉孩子“一会儿爸爸就到家了，你马上躲好”。

❷ 爸爸到家后，一边说“×× 在哪啊”，一边寻找孩子。

❸ 该游戏至少要进行1分钟以上。就算爸爸看到了孩子，也要装作没有看到，继续寻找。

120 水枪游戏

在浴缸或是大众浴池中做的游戏。
以两手为水枪。

亲密感

作者：基范爸爸
年龄：10岁以上
准备材料：无

❶ 两手深入到浴缸中，掬一捧水。

❷ 快速合拢两掌，水就会随着压力的增加射出去。

❸ 利用这个原理爸爸和孩子便可以进行水枪游戏了。

121 分田划地

很多传统游戏在玩的时候都需要很大的空间，但“分田划地”却不需要。

协调反应能力与灵活性

作者：彩源爸爸
年龄：8 岁以上
准备材料：白纸、围棋子或象棋子

❶ 4 个人进行游戏时，每个人在桌角画一个半圆，大小为一掌。

❷ 从这个半圆里向外弹棋子，在弹第三次时棋子一定要返回原处。

❸ 在棋子经过的地方画线，三条线围成的地方便是自己所占的地。

❹ 占地最多的人胜。

122 袜子鹤舞

只要爸爸开始跳鹤舞（朝鲜族独有的一种舞蹈表演形式），孩子马上就会跟着学起来。因为孩子都爱模仿。

协调能力与灵活性

作者：基范爸爸
年龄：5～10岁
准备材料：袜子

❶ 将袜子半套在手上，保持一端下垂的状态。

❷ 然后开始模仿鹤的动作跳舞。

❸ 也可以全家人一起伴随着音乐起舞。

123 饼干三分球

使用饼干可以做很多种游戏。
引入一些简单的体育专用语，就可以让孩子玩得不亦乐乎。

协调反应能力与灵活性

作者：基范爸爸
年龄：5～10岁
准备材料：饼干 1包

❶ 将饼干打开放在地上。

❷ 爸爸和孩子对坐在地上。

❸ 爸爸扔饼干，孩子用嘴接住。

❹ 扔的时候喊“灌篮——”，成功后喊“进球”。

❺ 交换角色继续进行游戏。

124 妙脆角自由落体

在这个游戏中，爸爸可以轻松地躺在地板上，只是有可能会有一些零食碎末落在脸上。

协调反应能力与灵活性

作者：基范爸爸
年龄：3 ~ 10 岁
准备材料：妙脆角

❶ 爸爸躺在地板上张开嘴。

❷ 妈妈把着孩子的手，从 50 厘米的高处向下扔妙脆角。

❸ 如果成功扔进了爸爸的嘴里，妈妈就喊“进球”。

❹ 爸爸和孩子交换角色重复以上动作。

125 种菜

让孩子独自种菜并不能称之为游戏，但如果有爸爸的加入就不一样了。这就是感情交流。

亲密感

作者：彩源爸爸
年龄：5 ~ 10岁
准备材料：泡沫箱、土、菜籽、小铲子

❶ 和孩子一起准备好菜籽、土和小铲子。

❷ 将土倒在泡沫箱里，并将菜籽埋在土里。

❸ 给菜籽浇水，并在泡沫箱外贴上培育日志，在上面记录种植菜籽的时间和浇水的时间。

❹ 通过上网和看书学习植物的特性与培育方法。

126 瓶盖保龄球

在电视中看到的保龄球比赛使用的都是很重的球。其实只要有一个瓶盖和几个酸奶瓶同样可以打保龄球。

协调反应能力与灵活性

作者：源俊、源英的爸爸
年龄：5 ~ 10 岁
准备材料：塑料瓶盖 1 个、酸奶瓶 3 个

❶ 将 3 个酸奶瓶摆在餐桌的对面。

❷ 孩子用瓶盖击打酸奶瓶。

❸ 全中后，爸爸与孩子击掌以示庆贺。如果只有一个孩子，爸爸和孩子可交替进行；如果有两个孩子，爸爸可以在一旁做裁判。

127 家庭运动会

家人们聚在一起可以举办家庭运动会，进行多种多样的体育运动。

灵活性与控制力

作者：源俊、源英爸爸
年龄：5 ~ 10岁
准备材料：无

❶ 设立5个项目，分别为单腿站立、打雪仗、石头剪刀布、两人三足、呼啦圈。

❷ 为便于分组，参赛人数应为偶数。

❸ 胜出者高喊“万岁”，失败者要为对方鼓掌。

128 汽车司机游戏

爸爸扮演司机，孩子扮演客人。
让孩子通过这个游戏学习公共礼仪。

语言交际能力

作者：小英爸爸
年龄：5～7岁
准备材料：无

❶ 爸爸坐在地板上。

❷ 爸爸发出刹车的声音后，孩子假装上车。这时爸爸要热情地问孩子“请问您去哪”，接着将孩子抱到自己的腿上。

❸ 做游戏时可以假设各种实际生活中可能发生的情况，例如“要刹车了，请抓好扶手”“下一站是××，下车的乘客请做好准备”。

129 袜子问好

爸爸和孩子将袜子顶在头顶，然后互相问好，学习礼仪。

亲和力

作者：书律爸爸
年龄：3 ~ 5 岁
准备材料：袜子

❶ 爸爸和孩子对坐在地板上。

❷ 将袜子顶在头顶，爸爸点头向孩子问候“您好”。

❸ 孩子回答“见到您很高兴”。

❹ 互换角色继续游戏。

130　透明人

有时装作看不见孩子也是一种不错的游戏。

亲密感

作者：志完爸爸
年龄：2～4岁
准备材料：无

❶ 即使看到儿子在客厅也要装作没看到，并呼唤孩子的名字。

❷ 即使孩子出声回答，爸爸仍然要装作没看到、没听到，要一边喊着孩子的名字一边到卧室、厨房寻找孩子。

❸ 孩子会一边说“爸爸，我在这”，一边跟在爸爸的后面。

131 爬梯子

如果有两个以上的孩子可以进行该游戏。
在这个游戏中，爸爸不需要费任何力气。

亲和力

作者：民亨、民智、贤宇爸爸
年龄：5 岁以上
准备材料：纸、铅笔

❶ 爸爸在白纸上画好各种线条。

❷ 在每条线的下方写上亲亲、拥抱、按摩等“惩罚”手段。

❸ 孩子拿着铅笔沿着线画线条，遇到哪种“惩罚”，就要放下笔接受爸爸的“惩罚”。

132　圆木风车

孩子平躺在地板上，爸爸用两手转动孩子。

协调反应能力与灵活性

作者：基范爸爸
年龄：3 ~ 4 岁
准备材料：无

❶ 让孩子平躺在地板上。

❷ 一手握住孩子的膝盖，一手握住孩子的颈部旋转。

❸ 转得太快孩子会害怕，所以一定要控制好速度。

❹ 定好要转的圈数，然后和孩子一起计数。

133 鲨鱼来了！

爸爸躲在被子里扮演鲨鱼来抓孩子。

爆发力与灵活性

作者：艺亨、俊亨爸爸
年龄：3 ~ 7岁
准备材料：被子 1 床

❶ 把沙发作为陆地，其他地方作为大海。爸爸躲在被子里。

❷ 孩子在“大海”里玩耍。

❸ 当孩子正玩得高兴时，爸爸发出“鲨鱼来了！”的警告。

❹ 爸爸伸出手去抓孩子。

❺ 孩子爬到沙发上躲避“鲨鱼”。

134　接歌游戏

在外出旅行时，在开车过程中大家往往很无聊，而接歌是一个消磨时间的好方法。

亲密感

作者：圭丽、圭源、圭民、圭真爸爸
年龄：5 ~ 10 岁
准备材料：无

❶ 孩子唱歌。

❷ 孩子唱完后爸爸接着唱。

❸ 爸爸和孩子也可以一起唱，这时妈妈也要参与进来。

135　接歌游戏 2

每人唱一小节，非常适合自驾游外出时消磨时间。

亲密感

作者：语珍、贤明爸爸
年龄：5 ~ 10 岁
准备材料：无

❶ 玩石头、剪刀、布，获胜的人确定歌曲题目，并演唱第一小节。

❷ 然后其他人接着唱。

❸ 唱不出来的人输。

❹ 输得最多的人要被其他人支使做事。

136 臀部冰车

爸爸拉着孩子的两条腿在客厅里滑冰车。

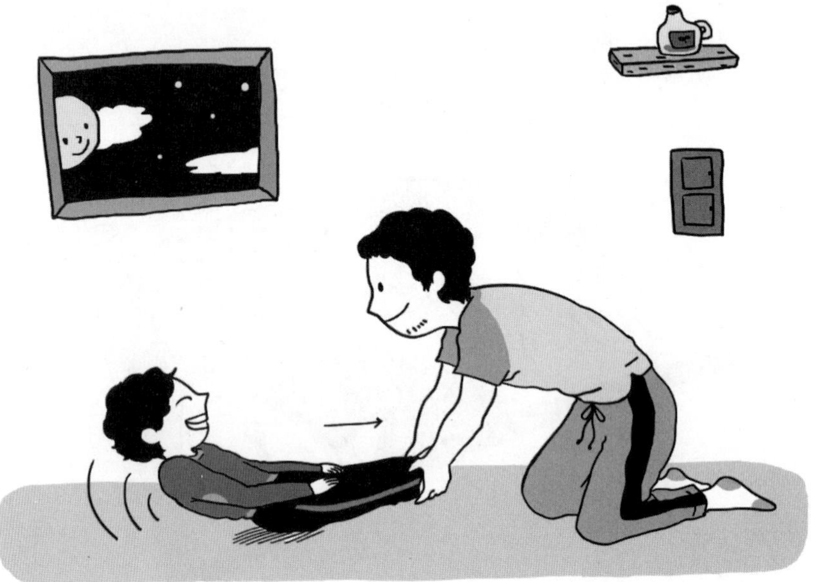

持久力

作者：基范爸爸
年龄：3～7岁
准备材料：无

❶ 孩子坐在地板上，两手拽住裤子，上半身与地面成30度角。

❷ 爸爸拉着孩子的两条腿向前滑。

137 推水袋游戏

在塑料袋中倒入水，系好后让孩子拿着玩。

灵活性

作者：基范爸爸
年龄：2 ~ 4 岁
准备材料：塑料袋

❶ 在塑料袋中倒入 1/3 的水。

❷ 系紧袋口不要让水流出来。

❸ 将塑料袋放在地板上。让孩子推着玩或者拉着玩。

❹ 也可以像抛球一样互相抛着玩。

138 洗车

这是一项在浴池中进行的游戏。

亲密感

作者：艺亨、俊亨爸爸
年龄：3～7 岁
准备材料：肥皂、搓澡巾

❶ 在搓澡巾上涂肥皂，然后揉出泡沫。

❷ 将泡沫放在盆里。

❸ 爸爸提议玩“洗车游戏”。

❹ 爸爸把孩子的身体各个部位作为雨刷、车门、玻璃、引擎盖努力擦洗。

❺ 洗完后爸爸高兴地说“车子变得好干净啊”。

139　水上出租车与寻宝

让孩子长时间浸泡在浴池的热水中，锻炼孩子的耐性。

亲密感

作者：艺亨、俊亨爸爸
年龄：5 ~ 7 岁
准备材料：结实的玩具

❶ 爸爸和孩子一起进入浴池。
❷ 爸爸扮演司机把孩子背在背上，问“您要去哪”。
❸ 爸爸一边向前移动一边发出汽车的“嗡嗡”声。
❹ 到达“目的地”后，重新背着孩子去孩子想去的其他地方。
❺ 这样反复几次后，把玩具扔进水中。
❻ 让孩子用脚找玩具。

140 翻被子山

推着孩子在被子上面滚。
因为孩子很喜欢与被子接触，所以这个游戏可以进行很长时间。

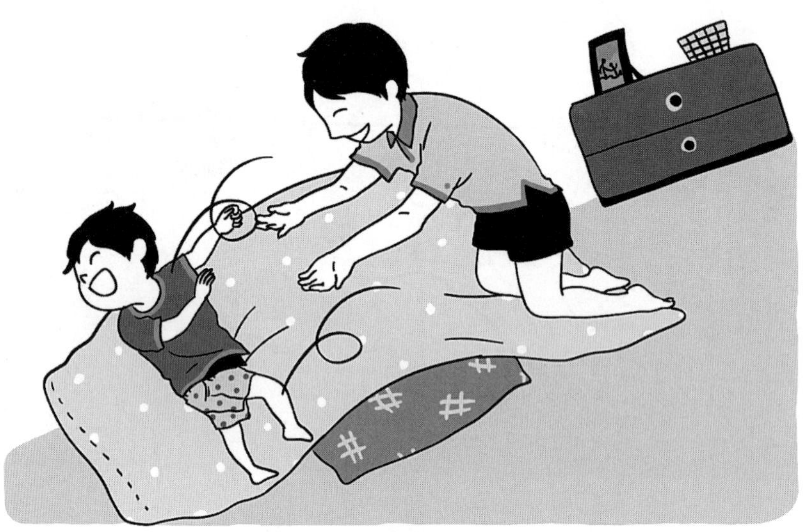

灵活性

作者：艺亨、俊亨爸爸
年龄：2～3岁
准备材料：被子、枕头

❶ 将被子盖在枕头上做成山坡的样子。

❷ 推着孩子在上面翻滚。

❸ 提高游戏难度，增加到 3 个枕头。尝试着让孩子自己翻过山坡。

141 市场游戏

通过扮演商家和客人，培养孩子的金钱观。

语言交际能力

作者：宇赫、智敏爸爸
年龄：5 ~ 10 岁
准备材料：童话书、玩具、纸、笔

❶ 准备好玩具、童话书等东西。

❷ 爸爸扮演商家，孩子扮演客人。

❸ 把写有 100 元、1000 元、10000 元等数额的纸片作为钱币。爸爸要教给孩子讨价还价的方法。

❹ 然后交换角色继续游戏。

142 蜘蛛侠游戏

一个帮助孩子圆梦的游戏。
只要有爸爸的帮助，孩子就可以变身为蜘蛛侠。

灵活性与敏捷性

作者：胜贤、胜敏爸爸
年龄：5～7岁
准备材料：无

❶ 孩子面向墙站着。

❷ 爸爸从后面用手扶住孩子。

❸ 爸爸举着孩子，让孩子用手脚在墙上爬。

表扬信

陪伴孩子的帅爸爸

有一天，孩子看着幼儿园的某位小朋友对我说："妈妈，那个小朋友笑得真开心，大概是因为一整天都和爸爸在一起吧？"

我家孩子和爸爸在一起时最开心，所以他们十分喜欢和爸爸一起过周末。因为我丈夫除了一开始做爸爸时给孩子买过几件玩具，其余的玩具都是他自己亲手做的。不仅如此，他还喜欢陪孩子做游戏，带孩子去郊游。

我们夫妻俩都很喜欢登山，恋爱时还曾登上过太白山（韩国三大神山之一）。现在丈夫经常带着 6 岁的大儿子和 4 岁的小儿子去爬山。当然小儿子不能自己爬，只能骑在爸爸肩上。此外，我们夫妻俩还十分喜欢跑步。结婚前丈夫就曾跑完 10 千米马拉松。现在他每年都带着我和孩子去参加江华岛的马拉松比赛。大儿子从两岁起便开始参加，今年已经是第四次了。

我们夫妻俩还很喜欢读书，周末常常相约去国家图书馆看书。有时丈夫还会从公司的图书馆帮我借新书回来。当然，我们有时也会去看电影。而且丈夫为了让我从家庭生活中解脱出来，每年都会给我预定几张单人电影票。这样，我就可以把孩子交给丈夫照顾，去电影院观看最新的电影。

我们夫妻俩很喜欢和朋友在一起。现在我们正在努力把这份友谊传递给我们的下一代。丈夫是一个非常热情的人，会经常和亲戚朋友联系，甚至和我的表弟、表妹的关系都很好。丈夫还向区政府申请，希望为孩子们开辟一片农田。愿所有的父亲都能像我丈夫这样，做一个能和孩子一起耕种农田的都市农夫。

宇赫、智敏妈妈

PART 4

明朗、温暖、有朝气：自尊心和爱心提高游戏

为什么要增强自尊心?

自尊心是一种想要维护自己人格尊严的心理状态。当拥有适当的自尊心，孩子通常会比较自信、自爱；如果自尊心不足，孩子往往表现为上进心不足。那么，怎么做才能增强孩子的自尊心呢？答案是多陪伴孩子。比如，在孩子小的时候，如果爸爸能够给孩子洗澡，或者带着孩子一起去洗澡堂，将有助于增强孩子的自尊心。

143 爸爸的肚皮火山

孩子趴在爸爸的肚子上，然后爸爸用力将孩子顶起。

亲密感

作者：基范爸爸
年龄：3 ~ 4 岁
准备材料：无

❶ 爸爸躺在地板上，孩子趴在爸爸的肚子上。

❷ 爸爸深吸一口气，然后再呼出一口气。

❸ 让孩子感受到上下移动的感觉。

❹ 为了让孩子做好准备，爸爸在呼气前要喊“1、2、3”。

❺ 当爸爸感到累了，就结束游戏。

144 背部摔跤

爸爸和孩子互相推对方的背。
爸爸要展现出好莱坞大咖的演技，时而获胜时而输给孩子。

灵活性

作者：根熙、秀斌爸爸
年龄：5～7岁
准备材料：无

❶ 爸爸和孩子背对背地坐在地上。

❷ 游戏开始后，爸爸和孩子一边较量一边喊“加油！加油！”。

❸ 摔倒的一方被视为输家。

❹ 赢了的人高喊“万岁”，输了的人为对方鼓掌。

❺ 爸爸一定要时而赢，时而输。

145 树和树懒

爸爸站立，孩子像树懒一样紧紧抱住爸爸，看孩子能坚持多长时间不掉下去。

肌肉耐力

作者：基范爸爸
年龄：5 ~ 7 岁
准备材料：厚被子

❶ 在地板上铺好厚被子。爸爸站在上面。

❷ 孩子像树懒一样两手抱着爸爸的脖子。

❸ 爸爸喊“1、2、3……”计算时间。

❹ 孩子放弃后，爸爸要告诉孩子时间长度并夸奖孩子。

146 肋骨吉他演奏

把孩子的肋骨作为吉他，爸爸用手指来演奏。

亲密感

作者：基范爸爸
年龄：3 ~ 7 岁
准备材料：无

❶ 爸爸抱着孩子，将孩子的上衣掀起来，然后将孩子的肋骨作为吉他，一边弹，一边用嘴发出“叮咚叮咚”的声音，也可以和孩子一起唱孩子喜欢的歌曲。

❷ 如果孩子忍不住笑出来，爸爸就不苟言笑地说：“我只是在弹吉他，为什么笑？”

❸ 爸爸也可以和孩子互换角色。

147 数肋骨

爸爸只是给孩子数肋骨，孩子也会很高兴。

亲密感

作者：基范爸爸
年龄：3～7岁
准备材料：无

❶ 游戏前爸爸要告诉孩子，在游戏过程中他只能看着爸爸的眼睛，如果笑出来，爸爸就以孩子违背约定为由重新数。

❷ 让孩子平躺在地上，撩起上衣。

❸ 爸爸从下往上数孩子的肋骨，一边数一边报出肋骨数目。

148 蜘蛛爬网游戏

用食指和中指当作蜘蛛，在孩子的身体上爬动。

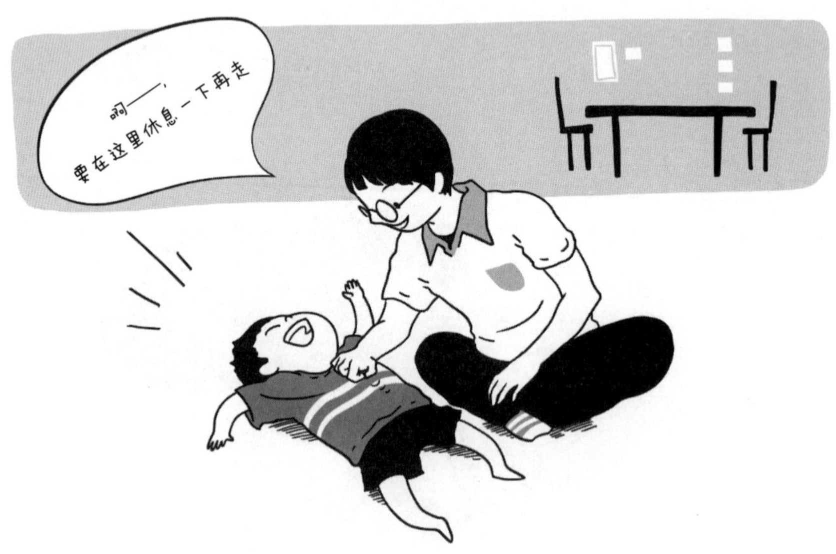

亲密感

作者：艺亨、俊亨爸爸
年龄：3～7岁
准备材料：无

❶ 让孩子躺在地板上。

❷ 爸爸一边唱歌一边移动食指和中指，从孩子的脚底一直爬到头顶。

❸ 中途也可以对孩子说“要在这里休息一下再走”，然后用手指挠孩子。

❹ 休息完后继续往上爬。

149 烤鱼游戏

不用准备材料就可以做的游戏。

亲密感

作者：基范爸爸
年龄：3 ~ 5 岁
准备材料：无

❶ 爸爸坐在地板上，孩子躺在爸爸面前。

❷ 爸爸说“现在开始烹饪吧”，然后前后翻滚孩子。

❸ 爸爸一边发出“呲呲”的声音，一边假装为“烤鱼”撒盐。

❹ 爸爸用食指和中指当作筷子夹孩子的胸部、颈部、腹部的肉，假装试吃烤鱼。如果觉得没有“烤熟”，可以继续游戏。

150 脚踝骑马游戏

这个游戏可以在客厅中进行，只要爸爸用脚抬起、放下孩子就可以。

灵活性与肌肉耐力

作者：基范爸爸
年龄：3～7岁
准备材料：无

❶ 爸爸坐在地板上，两手向后支撑，双脚并拢离地。

❷ 孩子坐在爸爸的脚踝上，两手抓住脚掌。

❸ 孩子像骑马一样发出“嗒嗒、嗒嗒”的马蹄声。

❹ 爸爸时而高喊“驾”。

151　身体钢琴演奏

以孩子的身体为键盘进行钢琴演奏。

亲密感

作者：基范爸爸
年龄：3～7岁
准备材料：无

❶ 让孩子躺在地板上扮演钢琴。

❷ 爸爸一边弹一边唱孩子喜欢的歌曲。

❸ 爸爸要故意触碰孩子身上比较怕痒的部位，这样，即使是轻轻地触碰，孩子也会笑开花。

152　身高手指丈量法

用拇指和食指作为尺子，丈量孩子的身高。

亲密感

作者：基范爸爸
年龄：3～5岁
准备材料：无

❶ 让孩子躺在地板上。

❷ 和孩子约定“不要看爸爸的眼睛”“不要笑，笑了的话重新量5次”。

❸ 爸爸用自己的手掌从孩子的腿部一直量到脸部，并且一边量一边数。

❹ 碰到腰部、腹部、腋下时，如果孩子笑了，就以违反约定为借口重新开始测量。

153 包紫菜包饭

被子作为紫菜，孩子作为馅料，用被子将孩子卷起来。

亲密感

作者：基范爸爸
年龄：3 ~ 7岁
准备材料：薄被子 1 床

❶在地板上铺一床薄被子。

❷让孩子躺在上面，然后用被子将孩子卷起来。注意，一定要露出孩子的脸。

❸“紫菜包饭”完成后，假装“尝味道”，用手抓一下孩子的脖子或是脚丫，然后发出“吧唧吧唧”的声音。

❹“尝”完味道后开始切“紫菜包饭”。爸爸用手掌在孩子的脖子、胸部、肚子处一边切一边发出“嗒嗒”声。

154 肚子小提琴

通过身体接触使孩子发笑。

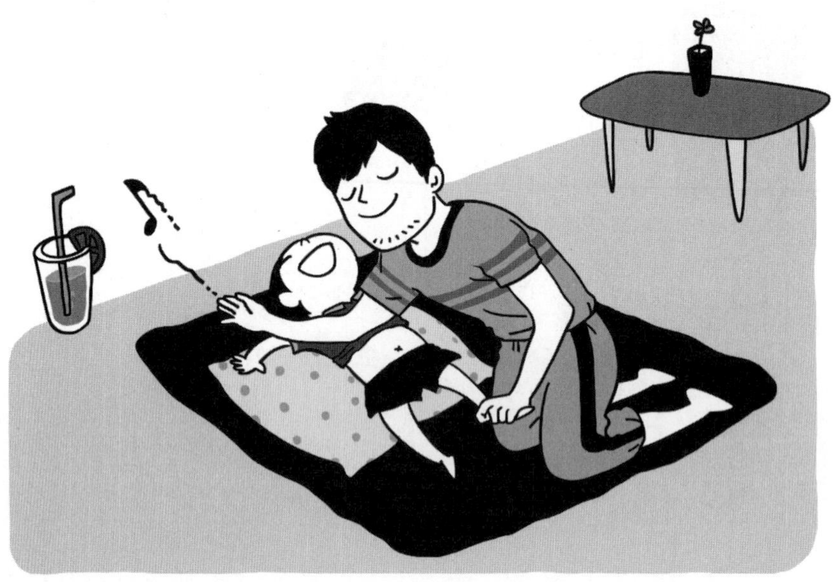

亲密感

作者：基范爸爸
年龄：3～5岁
准备材料：无

❶让孩子躺在地板上，撩起上衣。

❷爸爸用上臂代替琴弦在孩子的肚子上前后拉动，就像演奏小提琴一样。

❸一起演唱孩子喜欢的歌曲。

❹游戏途中也可以互换角色。

155 人体火箭发射

孩子扮演火箭，爸爸突然将孩子举向空中，就像火箭发射一样。

亲密感

作者：民书、浩俊爸爸
年龄：3 ~ 5岁
准备材料：椅子

❶ 爸爸坐在椅子上。

❷ 孩子跪坐在地上。

❸ 爸爸两手从孩子的腋下穿过，大声倒计时。

❹ 当数到“1”的时候，将孩子高举到头顶，并大喊“发射”。

156 航海游戏

爸爸的膝盖作为船舱，孩子的双手作为船桨，然后爸爸带着孩子去“航海”。

亲密感

作者：民书、浩俊爸爸
年龄：3～7岁
准备材料：椅子

❶ 爸爸坐在椅子上，孩子坐在爸爸的腿上。

❷ 爸爸抓住孩子的两手前后划动。

❸ 爸爸大喊“台风来了”，然后上下左右晃动膝盖。

❹ 爸爸还可以模仿海鸥或是海浪的声音。

157 脚面导弹

孩子作为导弹，爸爸用脚将孩子发射到沙发上。

敏捷性与爆发力

作者：源俊、源英爸爸
年龄：5 ~ 7 岁
准备材料：沙发

❶ 爸爸躺在地板上，弯曲膝盖，脚面朝上。

❷ 孩子坐在爸爸的脚面上。

❸ 爸爸抬起双腿，并用力将孩子弹射到沙发上。

❹ 孩子安全着陆。

❺ 最开始发射点可以选在十分靠近沙发的地方，等熟练后可渐渐后移。

158 椅子蹦极

孩子背对着被子站在椅子上，爸爸在孩子倒下去的瞬间接住孩子。

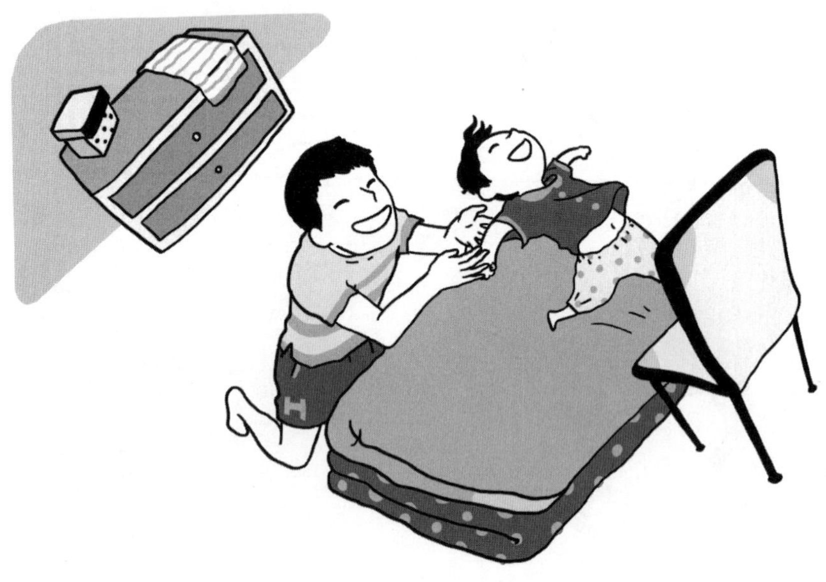

信任力

作者：源俊、源英爸爸
年龄：5～10岁
准备材料：被子5床、椅子1把

❶ 在地上铺上足够厚的被子。

❷ 然后让孩子站到椅子上，背对着被子。

❸ 爸爸在孩子倒下去的瞬间接住孩子。

❹ 最开始在孩子与地面成75度角时就接住孩子，然后逐渐缩小角度，如60度、45度、30度，以加大难度。

159　肚子滑梯

爸爸作为滑梯，让孩子高兴地在爸爸的肚子上玩耍。

亲密感

作者：志勋、成贤爸爸
年龄：3 ~ 5 岁
准备材料：香皂、毛巾、浴缸

❶ 洗澡时，在爸爸和孩子的身上涂上香皂。

❷ 然后在浴缸底部铺上毛巾。

❸ 爸爸半躺在浴缸里。

❹ 孩子爬上爸爸的身体滑滑梯。

❺ 也可以让爸爸趴在浴缸边上。

160 膝盖骑马游戏

孩子在爸爸的膝盖上玩骑马游戏。

亲密感

作者：李俊、李焕爸爸
年龄：3 ~ 5 岁
准备材料：无

❶ 爸爸靠在墙上，一条腿跪在地上，一条腿弓着，让孩子坐在上面。

❷ 弓着腿上下移动，嘴里发出“嗒嗒”的马蹄声或大喊“快跑”。

❸ 如果孩子很小，也可以同时让两个孩子坐在腿上。

161 爬爸爸山

把爸爸作为一座山，孩子要手脚并用地爬上去。

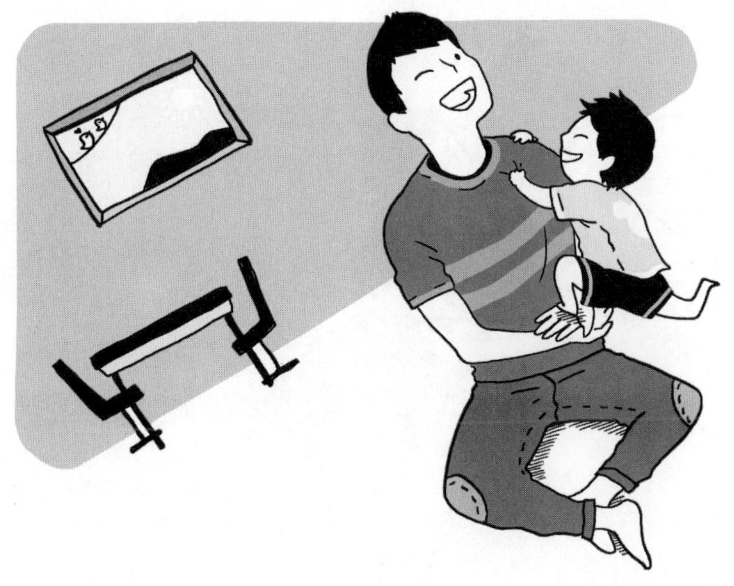

肌肉耐力与敏捷性

作者：民亨、民智、贤宇爸爸
年龄：5 ~ 7 岁
准备材料：无

❶ 爸爸坐在地板上，孩子手脚并用地往上爬。

❷ 爸爸可以适当地帮助孩子。

❸ 孩子骑到爸爸的脖子上即为成功。

162 爸爸陀螺

爸爸抱着孩子在原地打转。

亲密感

作者：基范爸爸
年龄：3～5岁
准备材料：无

❶ 爸爸抱着孩子站好。

❷ 孩子用手搂住爸爸的脖子，腿夹住爸爸的身体。

❸ 爸爸像陀螺一样抱着孩子在原地打转，并发出“嗖嗖”“呼呼”的声音。

❹ 也可以边转边唱歌。

163 椅子旋转木马

爸爸抱着孩子坐在椅子上旋转。
这个游戏可以提升爸爸的存在感。

亲密感

作者：根熙、秀斌爸爸
年龄：3 ~ 7 岁
准备材料：旋转座椅

❶ 爸爸坐在旋转座椅上，并抱住孩子。

❷ 爸爸利用脚步力量使椅子转动起来。

❸ 确定好旋转圈数。

❹ 在旋转过程中，爸爸嘴里要发出“嗖嗖”的声音。

164 制造大泡泡

在浴室里进行的游戏，需要用手搓出泡泡。

协调反应能力与灵活性

作者：艺亨、俊亨爸爸

年龄：3～7岁

准备材料：沐浴露

❶ 将沐浴露倒在手中快速揉搓。

❷ 慢慢打开双手，手中就会出现泡泡。

❸ 游戏结束后一定要拖地，避免滑倒。

165　臀部相扑

在客厅进行的臀部较量。
爸爸要展现出好莱坞大咖的演技，时而获胜时而输给孩子。

肌肉耐力与灵活性

作者：语珍、贤明爸爸
年龄：5 ~ 10岁
准备材料：水性笔

❶ 在客厅中央画一个直径 1 米的圆圈，孩子和爸爸背对背地站在圈内。

❷ 只能用臀部来推对方。

❸ 爸爸一定要像好莱坞演员一样，演出一种要输不输的感觉。

❹ 赢了的人高喊“万岁”，输了的人为对方鼓掌。

166 腿部滑梯

爸爸躺在地板上，然后在腿上搭上被子作为滑梯。

亲密感

作者：书律爸爸
年龄：3～4岁
准备材料：被子

❶ 爸爸躺在地板上，抬起腿部，与地面成 45 度角。

❷ 把被子搭在爸爸的腿上。

❸ 妈妈把孩子放到爸爸的腿上。孩子会顺着爸爸的腿部往下滑。

❹ 爸爸喊“开始”后，孩子往下滑。

❺ 孩子滑下来时，爸爸发出“嘣”或者“嗖”的声音。

167 爸爸牌电梯

爸爸两手抓住孩子的身子。
游戏时一定要特别小心，不要摔了孩子。

亲密感

作者：书律爸爸
年龄：3～4岁
准备材料：无

❶ 爸爸举起孩子，让孩子骑在脖子上，并用双手托着孩子的腋下。

❷ 游戏开始后，爸爸要像电梯一样，举着孩子快速上升、快速下降。

❸ 重复1～2次。

168 看谁先笑

努力逗对方笑的游戏。
用各种搞笑表情刺激对方。

亲密感

作者：语珍、贤明爸爸
年龄：5 岁以上
准备材料：无

❶ 爸爸和孩子对坐在地上，相隔 30 厘米。

❷ 游戏开始后，双方可以做出鼓腮帮、瞪眼等各种表情，但不可以说话。

❸ 先笑的人输。

169 膝盖滑梯

在客厅或者卧房中进行的游戏。爸爸用膝盖给孩子做滑梯。

亲密感

作者：小英爸爸
年龄：3 ~ 5岁
准备材料：被子 1 床

❶ 爸爸躺下来，曲腿，然后将被子盖在腿上。

❷ 孩子爬上去后，可以正面朝下滑，也可以背面朝下滑。

170 爸爸自行车

爸爸抱着孩子前后移动，像骑车一样。

亲密感

作者：小英爸爸
年龄：3～7岁
准备材料：垫子（被子）1张

❶将被子或者垫子铺在地板上。

❷两腿放平，然后将孩子抱到腿上。

❸喊完“出发”后，开始前后移动身体，并发出“嗖嗖”的声音。

171 行星游戏

这是一个可以在叫孩子起床时进行的游戏。
孩子为了做游戏会一下子醒过来。

亲密感

作者：基范爸爸
年龄：8 岁以上
准备材料：无

❶ 钻到被子里给孩子讲太阳系中其他行星的故事，比如水星、海王星。

❷ 爸爸假装是宇宙飞船的乘务员，告诉孩子“我们刚刚经过火星到达木星。宇宙飞船马上就要着陆，请到站的乘客抓紧时间下船”。

172 生育游戏

孩子从爸爸的内衣里钻出来。
通过该游戏让孩子了解生育的过程。

亲密感

作者：toy 爸爸
年龄：3～5 岁
准备材料：舒服的运动服

❶ 爸爸穿上宽松的运动服。

❷ 孩子钻进爸爸的运动服中，然后再努力从运动服中钻出来。

❸ 爸爸一边装出痛苦的样子，一边让孩子的头从衣服里钻出来。

❹ 孩子的头最先出来，接着是孩子的上半身、下半身。

173　动物亲亲游戏

爸爸下班回来一边打开门，一边像约定好的那样发出动物的声音。

亲密感

作者：语珍、贤明爸爸
年龄：3 ~ 7 岁
准备材料：无

❶ 爸爸下班回来按门铃，孩子问："请问是谁？"

❷ 爸爸像事前约定好的那样，说"我是狮子"。

❸ 然后孩子开门。

❹ 爸爸一边发出"嗷呜——"的声音，一边蹭孩子的脸。

174 大嘴巴河马游戏

爸爸和孩子比赛声音大小的游戏。
可以在家中、户外和车里进行。

亲密感

作者：基范爸爸
年龄：5～9岁
准备材料：无

❶ 爸爸和孩子面对面地坐在地板上。

❷ 爸爸喊"开始"后，就张开嘴喊"啊——"，接着孩子也跟着喊"啊——"。

❸ 看谁的声音更洪亮。

175 手掌地图

爸爸用手指在孩子手背上画地图。

想象力

作者：基范爸爸
年龄：5～9岁
准备材料：无

❶ 爸爸和孩子面对面坐着。
❷ 爸爸抓起孩子的手腕，让孩子的手掌平行于地面。
❸ 在孩子的手背上画国家地图，告诉孩子济州岛、郁陵岛的位置。
❹ 用手指指出孩子所在城市的位置，并告诉孩子城市的名称。
❺ 这样反复的身体接触会让孩子忍不住笑出来。

176 F1手指赛车游戏

把孩子的身体作为赛车场，爸爸的食指作为赛车，然后让赛车在赛车场上奔驰。

亲密感

作者：基范爸爸
年龄：5～9岁
准备材料：无

❶ 游戏开始前，告诉孩子 F1 是一项最高时速超过 300 千米的赛车比赛。

❷ 孩子成大字躺在地板上。然后以孩子的身体为赛车跑道。

❸ 随着触发信号灯亮起，比赛开始。爸爸的手指一边“跑”一边发出“嗡——”的声音。

❹ 爸爸通过调整“嗡嗡”声的大小，可以让孩子更加兴奋。

177 手指钢琴

孩子作为钢琴家，以爸爸的手指为键盘，在上面弹奏乐曲。

亲密感

作者：基范爸爸
年龄：3 ~ 10岁
准备材料：无

❶ 爸爸手心向上伸开十指。

❷ 孩子把爸爸的手指作为键盘。弹奏 Do、Re、Mi……

❸ 孩子一边唱《小飞机》《小狗狗》《咚咚锵》等歌曲，一边弹奏。

❹ 交换角色继续游戏。

178 我们是连体婴

让两个孩子在规定时间内扮演连体婴。

亲密感

作者：语珍、贤明爸爸
年龄：5 ~ 10 岁
准备材料：绳子

❶ 给孩子看连体婴的照片，讲连体婴的故事。

❷ 然后用绳子将两个孩子的胳膊（腿）绑在一起。

❸ 规定好时间（5 分钟、10 分钟或 20 分钟）。

❹ 孩子在这段时间内要一起行动，甚至上卫生间也要一起。

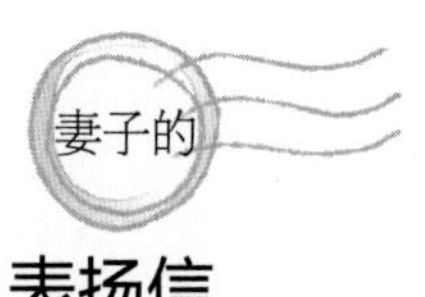

妻子的表扬信

爸爸们的公敌

当丈夫说他加入了“爸爸游戏学校”的时候，我并没有太在意，直到某一天丈夫得意扬扬地告诉我，他已经成为该论坛的骨干会员。的确，他是一个称职的父亲，经常会和孩子一起做游戏。教友聚会时，其他爸爸甚至戏称他为“爸爸们的敌人”。

艺亨出生后，丈夫几乎每天都会陪他玩 1 个小时，还会给他洗澡。而我就会趁机休息一下。每当我给艺亨喂完奶，丈夫也会主动承担哄孩子睡觉的工作。

当我生第二个孩子俊亨的时候，我才真正了解到丈夫的价值。一开始我很担心艺亨会因再也得不到妈妈全部的爱而嫉妒弟弟，但事实上我多虑了。艺亨由于很确定爸爸是自己这一边的，所以相当大方地将妈妈让给了弟弟。在我坐月子的时候，丈夫则带着艺亨睡到了隔壁房间。此外，他们平时还会一起去游乐园，一起洗澡，一起去教会。

结婚前真的没有发现丈夫如此慈祥、踏实的一面。每当看到丈夫努力成为好爸爸的样子，我都会心怀感恩，并且庆幸自己选对了人。如果说丈夫还需要做些什么，那么我想除了多带孩子出去运动以增强体质，以及找回哪怕 10% 的肌肉，真的想不到还有什么了。

一直很感谢你，很爱你。

艺亨、俊亨妈妈

PART 5

培养自觉的孩子：秩序性和责任感提高游戏

懂秩序，教育会更简单

太阳东升西落是自然的秩序。同理，让孩子自己吃饭、收拾书包、穿衣服或脱衣服是家庭的秩序。

到了5岁，孩子们早上起床后可以自己叠被子、洗脸、刷牙，然后自己吃饭。到了去幼儿园的时间，还会自己整理书包。这些大概就是妈妈们的希望吧。但是孩子为什么做不到呢？原因是他们不懂。还有，妈妈和孩子在家门口碰到对门的奶奶，妈妈让孩子向奶奶问好，但孩子却躲到妈妈身后，死活不张嘴。即使妈妈生气地对孩子说“有点自信，快去问好”，但结果依然是什么都没有改变。

大家可能认为孩子就是在妈妈们的唠叨声中长大的。但随着唠叨的增加，孩子会越来越抗拒，甚至对妈妈的话左耳朵进右耳朵出。

那么家长要怎么做呢？答案就是和孩子做游戏。做游戏会拉近孩子与家长的关系。游戏会使家长的唠叨变成爱的语言，而人会听自己所爱的人的话。这样有助于孩子自然而然地遵守秩序。

游戏就是秩序，游戏就是爱。

179 米饼扇子

米饼很大又很轻，所以上下左右快速移动时很容易产生风。

灵活性

作者：基范爸爸
年龄：3 ~ 5 岁
准备材料：米饼

❶ 把米饼作为扇子。

❷ 孩子扇扇子，爸爸说“真凉快”。有时也可以用两个米饼同时扇。

❸ 调换角色继续游戏。

180　米饼项链

对于孩子来说，能挂在脖子上的都是项链。

想象力

作者：基范爸爸
年龄：3～5岁
准备材料：米饼

❶ 在米饼上钻两个洞。

❷ 用线从洞中穿过，在线头处打结，将其挂在孩子的脖子上，这样就做成了项链。

❸ 给孩子拍照留念。

❹ 孩子通过这个游戏，将明白米饼虽然很大但很轻。

181 米饼拼图

米饼可以作为拼图使用，只要用手将其掰开即可。

灵活性

作者：基范爸爸
年龄：3 ~ 7 岁
准备材料：米饼

❶ 将米饼掰成几块。注意不要掰得太碎。

❷ 然后将米饼块散落在地上。

❸ 让孩子在 30 秒内将其拼好。在拼图时也可以给孩子一些提示。

❹ 根据孩子的年龄，米饼可以分为 2 块、3 块、4 块、5 块，以此区分拼图的难度。

182 拧瓶盖游戏

孩子很难自己打开从未开封的塑料瓶盖。但瓶盖只要打开过一次，对于孩子来说不管是拧瓶盖还是开瓶盖都会变得比较简单。

灵活性与肌肉力量

作者：基范爸爸
年龄：3 ~ 4 岁
准备材料：空塑料瓶

❶ 爸爸一边说“我要拧瓶盖了”，一边将瓶盖放在瓶口并拧好。

❷ 然后反过来，一边说“我要开瓶盖了”，一边将瓶盖拧下来。

❸ 孩子学着爸爸的样子开瓶盖、盖瓶盖。

183 零食积木游戏

将零食一个一个小心地摞起来。

协调能力与平衡能力

作者：基范爸爸
年龄：3 ~ 7岁
准备材料：中间有孔的零食

❶ 爸爸像垒积木一样将零食摞在一起。

❷ 孩子也照着爸爸的样子做。

❸ 听到爸爸的夸奖，孩子对自己会更加有信心，并从这个游戏中明白“失败乃成功之母”的道理。

184 零食项链

将零食串起来作为项链。

协调能力与灵活性

作者：基范爸爸
年龄：3～4岁
准备材料：中间有孔的零食、线

❶ 在一条长60厘米的线上串上5～10个中间有孔的零食。

❷ 系好后，挂在孩子的脖子上。

❸ 最后拍照留念。

❹ 如果孩子想自己做，也可以让孩子自己动手来制作。

185 吹泡沫游戏

洗澡时可以进行的游戏。

爆发力

作者：基范爸爸
年龄：3 ~ 5 岁
准备材料：香皂

❶ 洗澡时将泡沫捧在手上。

❷ 让孩子放在嘴边用力吹。

❸ 让孩子借此了解泡沫的特性。

186 拧毛巾游戏

浴室中进行的即兴游戏。
让孩子用力拧出毛巾中的水分。

肌肉耐力

作者：基范爸爸
年龄：5 ~ 10岁
准备材料：湿毛巾

❶ 和孩子一起洗澡时，爸爸先给孩子做拧毛巾的示范，然后让孩子自己尝试。

❷ 一开始结果可能并不尽如人意。

❸ 通过该游戏，孩子将明白结果是和努力成正比的，还可以明白作用力与反作用力。

187 漩涡游戏

在浴缸中进行的游戏。
用手制造漩涡。

敏捷性

作者：基范爸爸
年龄：3 ~ 5岁
准备材料：浴缸、水

❶ 将手放入水中。

❷ 手朝一个方向快速转动，使水形成漩涡。

❸ 孩子从中了解水的物理变化。

❹ 然后用手掌令漩涡停下。

188 切水游戏

在浴缸中进行的游戏。
像切菜一样用手切水。

爆发力

作者：基范爸爸
年龄：3 ~ 5 岁
准备材料：泡澡水

❶ 在浴缸中放入适量的水。

❷ 用手掌侧面快速切水。水会随着手掌的作用发生物理变化。

❸ 向孩子解释“抽刀断水水更流”的道理。

189 拳头打水游戏

用拳头击打水面，水会产生反作用，出现水花四溅的现象。

爆发力

作者：基范爸爸
年龄：3～5岁
准备材料：泡澡水

❶ 在浴缸中放入适量的水。

❷ 爸爸一喊“击打”，孩子便用拳头击打水面。水花会溅向四方。

❸ 注意不要让孩子打到缸底。

190 舀水游戏

在浴室做的游戏。
让孩子独自将浴缸中的水舀出来。

肌肉耐力

作者：基范爸爸
年龄：3～7岁
准备材料：盆子

❶洗完澡后，让孩子把浴缸中的水舀出来。

❷爸爸在旁计数。

❸尽量让孩子独立完成，如果孩子请求帮助可以稍微协助一下。

191　抖毛巾游戏

利用孩子的模仿本能，让孩子跟着爸爸一起用力抖毛巾。

爆发力

作者：基范爸爸
年龄：3 ~ 4 岁
准备材料：干毛巾

❶ 爸爸给孩子示范抖毛巾。

❷ 问孩子能否照着做。

❸ 如果孩子同意，就可以开始游戏。

❹ 游戏结束后要夸奖孩子。

192　玩猜拳游戏获取零食

只有获胜的人才能够吃零食。因为游戏是反复进行的，所以最后每个人吃到的零食数量会差不多。

规则意识

作者：基范爸爸
年龄：5 ~ 10岁
准备材料：零食1袋

❶将零食袋打开放在地上。

❷孩子和爸爸、妈妈围坐在一起。

❸玩石头、剪刀、布，获胜的人吃一块零食，然后高呼“万岁”，剩下的人为其鼓掌。

193 转零食游戏

用线将零食串起来，然后爸爸和孩子一起像甩跳绳一样甩绳子。

灵活性

作者：基范爸爸
年龄：3 ~ 7 岁
准备材料：中间有孔的零食、线

❶ 在长 60 厘米的线上串上一块零食。
❷ 然后爸爸和孩子抓着线的两端开始转动。
❸ 线的一端多系几个扣，让孩子抓起来更方便。
❹ 零食会随着线的转动画出一个圆，同时爸爸和孩子一起发出“嗖嗖”的声音。

194 串零食游戏

用细细的吸管将中间有孔的零食串在一起。

协调反应能力与灵活性

作者：基范爸爸
年龄：3 ~ 4 岁
准备材料：中间有孔的零食、吸管

❶ 爸爸将吸管竖直。

❷ 让孩子把零食套在吸管上。

❸ 爸爸帮助孩子计数。

❹ 将零食拿下来时，爸爸也要喊“一个”“两个”来计数。

195 户外洗车

洗车也可以成为一项游戏。
称其为游戏主要是为了引起孩子的兴趣，进而让孩子参与洗车。

协调反应能力与肌肉耐力

作者：基范爸爸
年龄：8 岁以上
准备材料：车、抹布、干毛巾

❶ 爸爸使用清洁剂去除车上的污垢。

❷ 也可以给孩子一块抹布。

❸ 爸爸和孩子一起将车上的泡沫洗干净。

❹ 洗完车后用干毛巾擦干车上的水迹，然后清洁车内。

196 过椅子桥

孩子站到椅子上，由爸爸扶着在椅子上走。

敏捷性

作者：基范爸爸
年龄：3 ~ 5岁
准备材料：椅子 4 把

❶ 将 4 把椅子一个挨一个地并列在一起，然后让孩子从上面走过去。

❷ 随后逐渐增加每把椅子之间的间隔，从 10 厘米、30 厘米到 50 厘米。

❸ 如果孩子害怕，爸爸可以扶着孩子走，同时发出“嗖嗖”的声音。

197 装死游戏

通过游戏帮助孩子入睡。

规则意识

作者：圭丽、圭源、圭民、圭真爸爸
年龄：3～10岁
准备材料：无

❶ 爸爸向孩子施魔法："波罗波罗蜜，从现在起晕厥1分钟，叮！"

❷ 然后孩子在被子中躲藏1分钟。

❸ 逐渐延长孩子在被子中的时间。中途可以关掉电灯，这样更有助于孩子入睡。

198 灰姑娘游戏

爸爸和孩子一起做的角色扮演游戏。
变身为童话中的主人公，编写新的故事。

控制力

作者：书律爸爸
年龄：3～7岁
准备材料：无

❶ 孩子扮演灰姑娘的姐姐，爸爸扮演灰姑娘。

❷ 孩子支使爸爸干活。

❸ 爸爸要按照孩子的吩咐做。

199 卫生纸游戏

先将卫生纸浸泡在水中，然后将其揉成一团，扔到墙上。

灵活性

作者：李俊、李焕爸爸
年龄：3 ~ 7 岁
准备材料：卫生纸

❶ 爸爸将手指插入卫生纸的纸筒中。

❷ 孩子一边拽卫生纸，一边将卫生纸浸泡到水中。

❸ 将浸湿的卫生纸揉成团扔到镜子上或是墙上。

200　沉默游戏

这是一项睡前游戏，反复做几次后孩子就会自己入睡。

规则意识

作者：圭丽、圭源、圭民、圭真爸爸
年龄：5 ~ 10岁
准备材料：无

❶ 爸爸说“开始闭嘴”后，1 分钟内不发出任何声音。

❷ 接着对孩子说“现在小孩子闭嘴”，孩子要在 1 分钟内保持沉默。

❸ 反复进行下去，孩子就会自己入睡了。

201 卫生纸积木游戏

爸爸和孩子一起用卫生纸搭积木的游戏。

灵活性与协调反应能力

作者：李俊、李焕爸爸
年龄：3～7岁
准备材料：卫生纸

❶ 用卫生纸搭烟囱或是金字塔。

❷ 搭建好后，孩子用拳头、头部或是球将其弄倒。其间要时而夸奖一下孩子。

❸ 最后和孩子一起收拾残局。

202 拉伸运动

孩子都爱模仿，所以不论爸爸做什么，他们都会跟着做。

灵活性

作者：民亨、民智、贤宇爸爸
年龄：3 岁以上
准备材料：无

❶ 爸爸给孩子示范两腿打开、侧身弯曲等动作。

❷ 孩子跟着爸爸学。即使孩子做得不标准，也不失为一项有趣的游戏。

203 手打气球

给爸爸加大难度，可以让游戏更公平，孩子也更喜欢。

协调反应能力与肌肉耐力

作者：民亨、民智、贤宇爸爸
年龄：3～7岁
准备材料：气球两个

❶ 将两个气球吹起来。

❷ 像打排球一样把气球往对方那边打过去。孩子用手击打气球，而爸爸要用脚击打。

❸ 没接住气球，就算失败。

❹ 爸爸向孩子撒娇说自己很累。

204 跳房子游戏

客厅是最安全的游戏空间。
可以尝试在客厅进行跳房子游戏。

敏捷性与规则意识

作者：圭丽、圭源、圭民、圭真爸爸
年龄：3～10岁
准备材料：胶带、小人偶或者沙包

❶ 爸爸和孩子站在客厅里保持适当距离。

❷ 用胶带在地上贴出房子的样子。

❸ 开始跳房子。

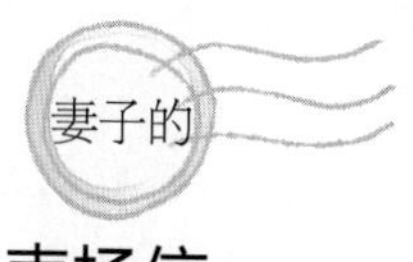

表扬信

充满热情的爸爸，我尊敬你

从 1990 年到现在，我们夫妻俩相识已经 20 多年了。我们是校园情侣，婚礼是在一棵有 700 年树龄的银杏树下举办的，而且采用的是传统婚礼的形式。结婚至今，丈夫还是一如既往的单纯、果断、踏实，支撑着我们整个家庭。

就像公司有公司文化一样，家里也要有家风。我们家的家风就是不论做什么事，家长都要以身作则。

丈夫的对孩子的教育热忱早已远近闻名。女儿学校的公开课，丈夫从没落下，即使请假他也会参加。就算再累，丈夫也会陪孩子去农场实践。他每年都会腌制 100 颗泡菜送给亲戚朋友，还会每天给家长打电话问安。虽然有时我会因为电话费太多而生气，但他却依然坚持。虽然这样另类的丈夫有时会让我们感到负担，但是因为有了他，我和孩子才更踏实。

丈夫真的很令人尊敬。

丈夫，我爱你。

语珍、贤明妈妈

PART 6

我的孩子是话术达人：语言表达能力提高游戏

和孩子一起侃大山

语言学的相关研究表明，一个词语孩子要听一千遍才能学会如何运用。所以，如果要培养孩子的语言表达能力，家长就必须经常和孩子说话。如果家长能够使用多种表达方式，就锦上添花了。

以前，孩子们很早就能学会说话，因为那时每家的孩子都很多。听着哥哥、姐姐的对话，孩子们很快就能学会说话。虽然孩子说话早晚受先天因素影响，但后天因素也是不能忽视的。现在孩子们学说话一般都很晚。有很多孩子过了一周岁还不会讲话，一个重要原因是家长都要上班，致使孩子缺少练习说话的对象。此外，很多在爷爷奶奶身边长大的孩子，不仅说话晚，还会带口音。

那么我们怎样做才能更有效地教孩子说话呢？其实方法并不难，只要和孩子一起侃大山即可。实际情况显示，经常与家长聊天的孩子，其语言表达能力更强。游戏中的对话更容易让孩子记住，例如“拿”这个词，就可以出现在“拿食物”“拿吃的”“拿水果”等词组中。此外，接龙游戏和找碴儿游戏也对语言能力的发育很有帮助。

由于爸爸发出的中低音更能够给孩子带来安全感，所以爸爸参与游戏能够起到比妈妈更好的效果。

205 芝麻开门！

就像童话《阿里巴巴和四十大盗》一样，一定要答出通关密语才能掀开被子。

语言表达能力

作者：艺亨、俊亨爸爸
年龄：3 ~ 7岁
准备材料：被子

❶ 爸爸趴在床上，身上盖上被子。

❷ 孩子必须高喊“芝麻开门”，或者说出 5 种动物的名称，才能从被子中通过。

❸ 有时也可以让爸爸站在地上，让孩子从爸爸的腿中间钻过去。

206 记者游戏

爸爸扮演主持人，孩子扮演记者，互相对话的游戏。

语言表达能力

作者：圭丽、圭源、圭民、圭真爸爸
年龄：5 ~ 10 岁
准备材料：香蕉 1 根

❶ 爸爸将香蕉握在手上作为麦克风。

❷ 问孩子一些问题，例如“香蕉长成什么样子？”“味道如何？”等。

❸ 然后将香蕉交给孩子，并介绍“今天我们将与金记者进行连线。金记者，你好”。

❹ 接着和孩子就现场情况进行交流。

207 恐怖故事

爸爸和孩子一起躲在被子里讲鬼故事。

想象力

作者：志勋、成贤爸爸
年龄：3 ~ 7 岁
准备材料：被子

❶ 睡觉前和孩子一起躲在被子里讲故事。

❷ 父子之间可以进行以下对话：

爸爸："以前在晚上赶山路的时候总感觉背后有什么。"

孩子："是老虎！"

爸爸："对，是老虎。那你知道老虎在山里见到了什么吗？"

孩子："是鬼！"

爸爸："没错！老虎见到了鬼。你知道鬼长什么样子吗？"

……

208 爸爸妈妈的恋爱故事

和孩子一起踏上记忆旅程，讲述爸爸妈妈的恋爱故事。

想象力

作者：圭丽、圭源、圭民、圭真爸爸
年龄：5 ~ 10 岁
准备材料：无

❶ 给孩子讲爸爸妈妈恋爱时的故事。

❷ 在讲述过程中回答孩子提出的问题。

❸ 因为有了爸爸妈妈的相遇才有了自己，所以孩子对爸爸妈妈的恋爱故事十分感兴趣。

209 编故事游戏

爸爸和孩子一起编故事，每个人一次说 1 ~ 2 句话。

语言表达能力

作者：圭丽、圭源、圭民、圭真爸爸
年龄：7 岁以上
准备材料：无

❶ 爸爸先开始："从前有一个可爱的小女孩叫圭丽，她和妹妹朱莉生活在一起。"
❷ 然后孩子继续："圭丽和朱莉有一个弟弟叫凯宾。凯宾既聪明又可爱。"
❸ 接着换爸爸来说。这样你一句我一句将故事完成。
❹ 以孩子的名字为主人公命名，孩子会对编故事更感兴趣。

210 说优点

爸爸和孩子互相说对方的优点。
每个人一次说一个，如此循环下去。

语言表达能力

作者：圭丽、圭源、圭民、圭真爸爸
年龄：7 岁以上
准备材料：无

❶ 让孩子们按照顺序说出爸爸的优点，而且在说出自己的观点前，要重复前面的人所说的话。比如，第一个孩子说“爸爸喜欢和我们一起玩”，那么第二个孩子就要说“爸爸喜欢和我们一起玩，还照顾我们”。

❷ 说不出优点的人输。惩罚是唱歌或是帮别人做事。

❸ 爸爸也可以说一说孩子的优点。

211 蒙面捉人游戏

爸爸用领带围住双眼，与孩子做捉人游戏。

语言表达能力

作者：小英爸爸
年龄：5 ~ 10 岁
准备材料：领带

❶ 爸爸先用领带将自己的眼睛蒙住，然后哭着说："哎呦，我的女儿（儿子）×× 丢了。"这时孩子和妈妈都说自己是丢了的那个孩子。

❷ 爸爸为了分辨出谁说的是真话，就要问："说一说你们喜欢什么食物？"

❸ 孩子回答完，妈妈要给出同样的答案。接着爸爸"发愁"地说"哎，分不出来呢"，然后继续提问。

❹ 最后一个问题妈妈要先回答，孩子再回答，爸爸听完孩子的答案后，要高兴地对孩子说："哎呦，你就是 ×× 啊。"

212　梦想采访

孩子的梦想经常会变，有时一年甚至会变三四次。
所以我们要经常询问才能知道孩子当下的梦想。

想象力与语言表达能力

作者：民亨、民智、贤宇爸爸
年龄：5 ~ 10岁
准备材料：无

❶ 爸爸问孩子梦想是什么。

❷ 如果孩子回答“农夫”，爸爸就要告诉孩子“农夫是种田的人。有了他们，我们才能在早、中、晚三餐中吃到大米”。

❸ 如果孩子询问爸爸的梦想，爸爸就回答“我想成为歌手，为很多人演唱歌曲”。

213　抓尾巴游戏

一家人在客厅里唱歌、抓尾巴。

爆发力与肌肉耐力

作者：民书、浩俊爸爸
年龄：3 ~ 10 岁
准备材料：报纸或者卫生纸

❶ 每个人都在自己的裤子兜里放一段卫生纸作为“尾巴”。

❷ 然后绕着客厅一边唱歌一边做游戏。

❸ 歌曲一结束就开始互相抓“尾巴”。

❹ 这个游戏可以反复进行。

214 名称对决

一个词语孩子要听过 1000 遍后才会运用，所以列举名称这样的游戏对孩子的语言表达非常有好处。

想象力

作者：语珍、贤明爸爸
年龄：5 ~ 10 岁
准备材料：无

❶ 确定好主题，例如动物名称、植物名称、海洋生物名称等。如果孩子稍大一些，也可以提升游戏的难度，比如列举“古代朝鲜国王的名字”等。

❷ 然后爸爸和孩子你说一个，我说一个。

215 找字游戏

在报纸上找词语，借此提高孩子的词汇量和语言组织能力。

协调反应能力

作者：语珍、贤明爸爸
年龄：5～10岁
准备材料：报纸两张

❶ 发给两个孩子一人一张报纸。

❷ 爸爸说出一个词语后，孩子们便同时开始在报纸上找这个词语。也可以将不同词语里的两个字找出来，拼成这个词语。

❸ 先找到的人胜利。

❹ 进行 5 次或者 10 次，胜出次数多者为最终胜者。

216 找字游戏 2

在书中找字。如果有两个以上的孩子，可以组织孩子们进行比赛。

协调反应能力

作者：宇赫、智敏爸爸
年龄：6～10 岁
准备材料：童话书

❶ 准备一本童话书。如果是孩子喜欢的故事书更好。

❷ 一边看书一边在上面寻找爸爸的名字或者孩子的名字。

❸ 可以一个字一个字地找。

❹ 如果有两个以上的孩子，可以组织孩子们进行比赛。

216 描述动物特征

让孩子形容动物的特征，提高孩子的语言表达能力。

语言表达能力

作者：语珍、贤明爸爸
年龄：5 ~ 10 岁
准备材料：无

❶ 孩子选择一种动物。

❷ 如果孩子选择了大象，就可以说大象鼻子很长，是陆地生物中体重最大的，也是饭量最大的……

❸ 说不出来的人输。

218 在被子中讲故事

孩子的好奇心极强，十分喜欢听老故事。

想象力

作者：基范爸爸
年龄：3 ~ 7 岁
准备材料：薄被子

❶ 爸爸先问孩子“讲个老故事好不好”。

❷ 如果孩子同意，就盖上被子开始讲故事。既可以讲书上的童话故事，也可以现编。

219 足球名称对决

用箱子代替球。一边说单词一边踢箱子，有助于孩子的语言发展。

协调反应能力与语言表达能力

作者：基范爸爸
年龄：3 ~ 7 岁
准备材料：箱子 1 个

❶ 将 1 个箱子放在客厅里。

❷ 两个人像踢球一样互相踢箱子。

❸ 踢一下说一个名词，例如紫菜包饭、西瓜、甜瓜、比萨、拉面等。

❹ 名词重复的人输。

220 扮演妈妈

角色扮演游戏，有助于改正孩子偏食、不爱吃饭等习惯。

语言表达能力

作者：志完爸爸
年龄：5 ~ 7 岁
准备材料：餐盘、面包、纸杯、酸奶、玩具、维生素药片、碟子

❶ 孩子扮演妈妈，爸爸扮演孩子。

❷ 爸爸问孩子“今天吃什么”，孩子回答“拌饭”，然后将面包切碎放入碟子中并加入维生素药片。

❸ 爸爸假装偏食，“耍赖”地说：“不要，我不吃。”

❹ 孩子说“这个对身体好”，努力说服爸爸。

221 绘画游戏

让孩子把自己的日常生活在画本上画出来。

表现力与语言表达能力

作者：志完爸爸
年龄：3～7岁
准备材料：画本、铅笔、彩笔

❶ 准备好画本和绘画工具。

❷ 问孩子晚饭吃了什么水果或者食物。如果孩子回答“橘子”，就问孩子“橘子是什么味道”，然后让孩子将橘子画在画本上。

❸ 游戏的关键在于让孩子通过画画表达自己的感受。

222 接龙游戏

爸爸和孩子一边唱歌，一边做接龙游戏。

语言表达能力

作者：小英爸爸
年龄：5～10岁
准备材料：无

❶"以某字结尾的单词"让孩子跟着节奏唱出来。

❷将单词的第一个字置换进去。例如"包袱"一词，就唱"包包包包包包包包包包——袱"，如果是汽车就唱"汽汽汽汽汽汽汽汽汽汽汽——车"。

223 玩具童话

在客厅或者卧室中进行的游戏。
让孩子拿着玩具一边想一边和爸爸对话。

想象力

作者：基范爸爸
年龄：5 ~ 10 岁
准备材料：各种玩具和人偶

❶ 爸爸和孩子在地板上对坐着。

❷ 将玩具和人偶放在两人中间。

❸ 让孩子利用这些玩具编故事。

224　看图说话

以画册为素材，一边看图一边讲故事。

想象力

作者：民亨、民智、贤宇爸爸
年龄：5～7岁
准备材料：画册

❶ 爸爸先看着画册的一页开始编故事。

❷ 然后翻开下一页，让孩子发挥想象力接着编故事。

❸ 如此交替进行下去。

表扬信

我爱努力的你

下面我来夸奖一下我丈夫。

他经常抱着小英。一般情况下，如果孩子哭闹，大人不是都会烦躁吗？但是他不会，而且他还会将疲惫的我一起拥入怀中。

他就算累了，也不会表露出来。下班回家后，他会马上陪孩子玩。虽然我没有对他说过什么，但心里却对他十分感激。

他曾经历了一次很大的考验——意外的疾病让他躺上了手术台。手术后他长时间卧床，根本无法像从前那样陪伴孩子。虽然孩子很希望能够和爸爸一起游戏，但他的身体却不允许，所以陪孩子玩的重任就落到了我身上。

一天，为了放松一下，我暂时放下家务去剪头。在排号的过程当中，我无意间翻到一篇关于“爸爸游戏学校”的文章。所谓“爸爸游戏学校”，就是一个教爸爸们如何与孩子做游戏、如何与孩子沟通的论坛。当时我就觉得找到了希望，马上将论坛的地址告诉了丈夫。他也觉得很不错，当天就加入了论坛。自此之后，丈夫又开始与孩子一起做游戏了。通过与论坛会员的交流，丈夫渐渐地体会到了其中的乐趣。每次想到新的游戏创意，他都会和小英尝试。

今天丈夫很不好意思地告诉我，他已经成为“爸爸游戏学校”的骨干会员。真不知该如何称赞他才好！

亲爱的，我爱你，你最棒了！

我一直爱你！

小英妈妈

附录 1

创意游戏

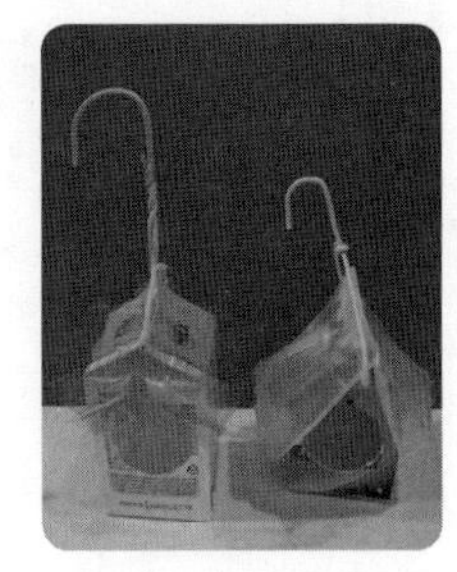

01　搭建鸟窝

该游戏的主要目的是让孩子学会爱护环境。和孩子们一起给小鸟建新家、喂食，回馈大自然。

准备材料：签字笔、锥子、刀、钳子、胶枪、空牛奶盒、鸡蛋塑料托盘、铁制衣架

作者　以知爸爸

1. 将杯子放在牛奶盒上，沿着杯底画一个圆。

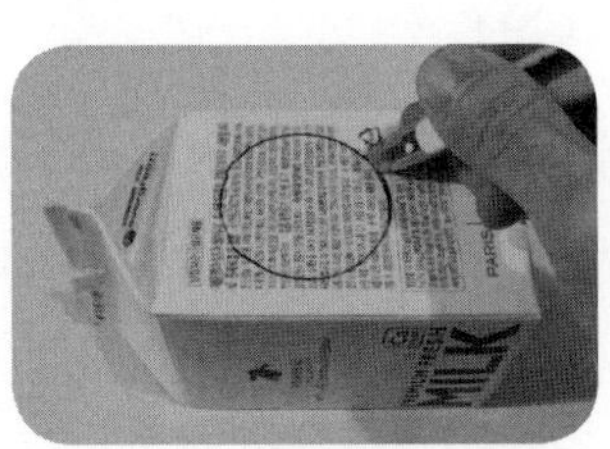

2. 小心地用刀将这部分挖去。

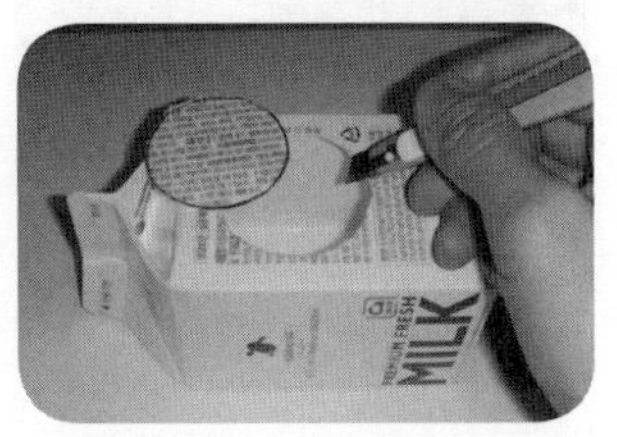

3. 裁纸刀刀片推出两节即可。

4. 用胶枪将牛奶盒上方粘好，防止鸟窝房顶漏水。

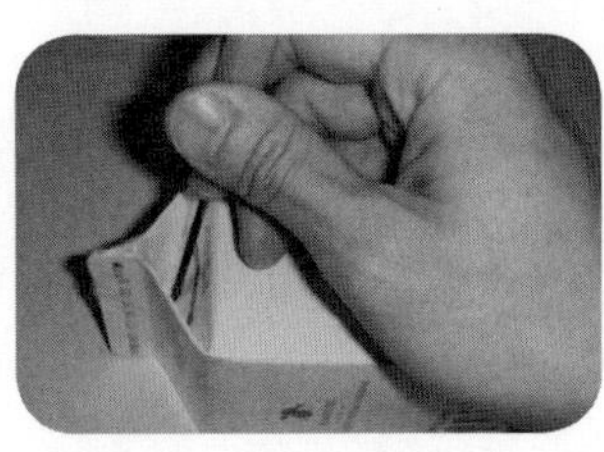

5. 在侧面开个洞。

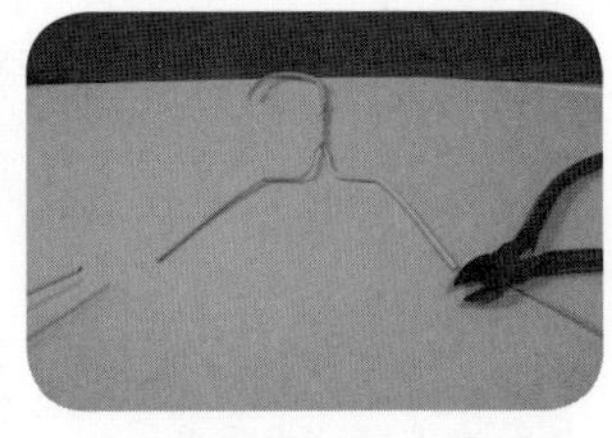

6. 将衣架的挂钩用钳子截下来。

7. 将挂钩固定在刚才开的洞上。

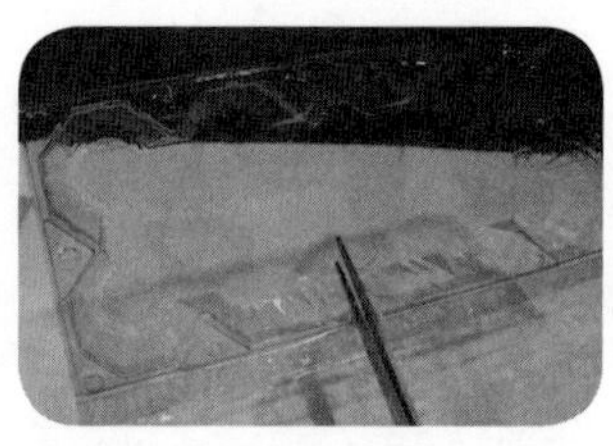

8. 将塑料托盘按照鸟巢屋顶的大小剪好。

9. 为了不要伤到小鸟，边角一定要处理好。

10. 用胶枪将塑料托盘粘在牛奶盒上。

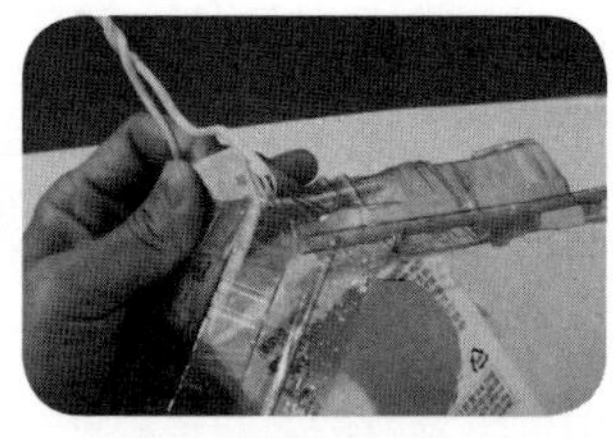

11. 尽量让屋檐长一些。在牛奶盒的四角钻几个孔，这样即使进雨了，雨水也可以很容易流出去。

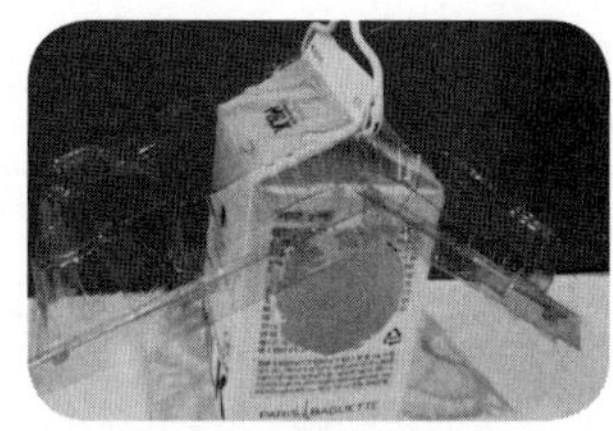

12. 看一下鸟窝建得是否结实。

13. 到此为止鸟窝就做好了。

鸟窝制作 Tips

制作时一定要仔细。为了防止漏水，屋檐必须长一些。有了这个新家，就算小鸟走失了，也可以有临时住所。愿山长青，水长清。

02 制作拍立得

当我看到孩子们高兴地拿着照相机的样子时，就觉得“没错，就是这个”。于是我决定做一个可以一次成像的拍立得。请和孩子们按照下面的步骤一起制作吧。

准备材料：照相机大小的盒子、调料瓶盖、按动式圆珠笔、火柴、橡皮筋、彩带、胶枪、刀、剪刀、胶带

作者　以知爸爸

1. 因为要在右上方开一个口，所以一定要将盒子用胶带粘好，塑料瓶盖也要粘牢。

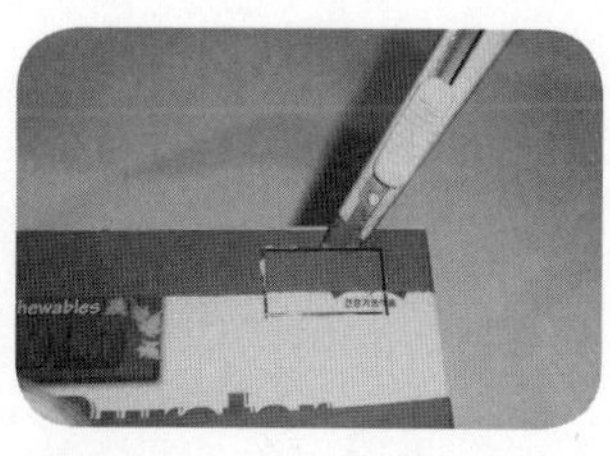

2. 在盒子右侧上方前后各开一个口。

3. 照相机都有快门，所以一定要准备出一个放圆珠笔的地方。

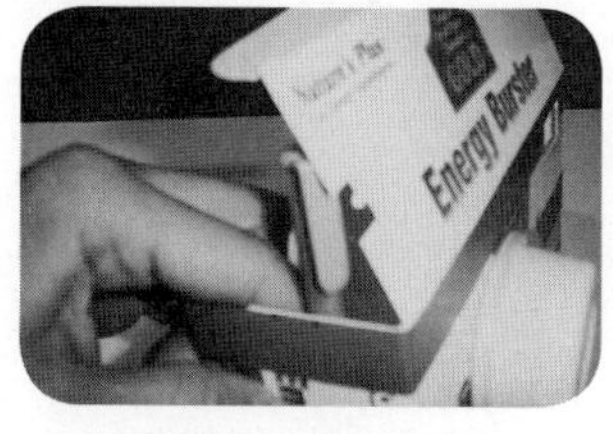

4. 为了防止圆珠笔乱动，一定要用胶枪或是胶带将其粘好。

5. 这样照相机的外观就做好了。

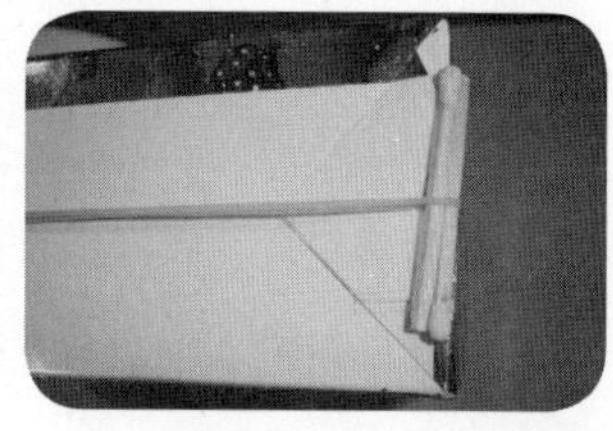

6. 将橡皮筋套在火柴上，用胶带将火柴固定在照相机底部。（因为橡皮筋的劲儿很大，所以一定要用胶带将火柴固定好。用胶枪也可以。）

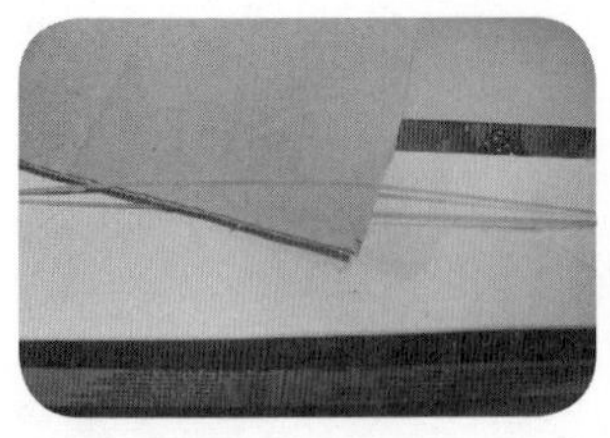

7. 将厚纸板插在橡皮筋中间。

8. 插好后，用透明胶带将纸板后方固定好。

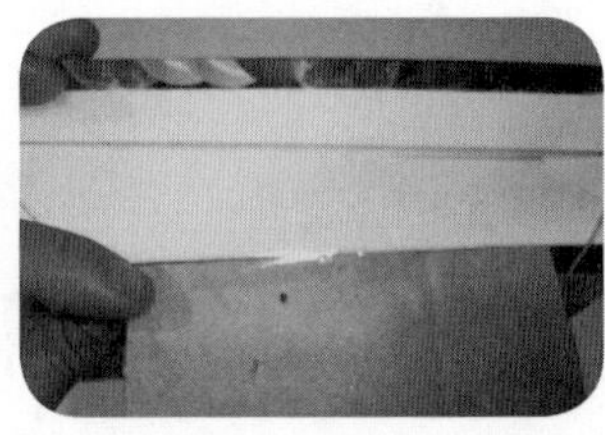

9. 将纸板翻开，里面也固定好。

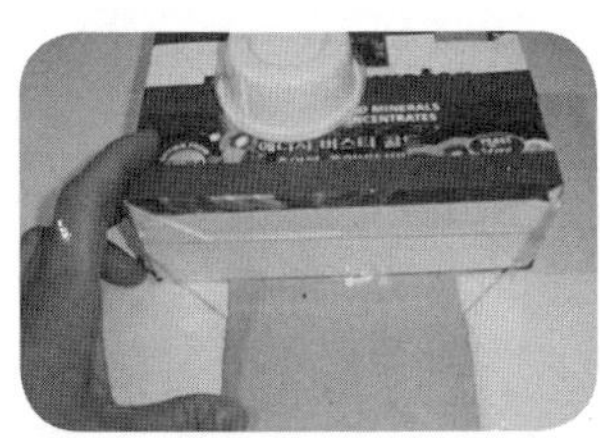

10. 这样照相机底部出照片的地方就可以打开、关闭了。

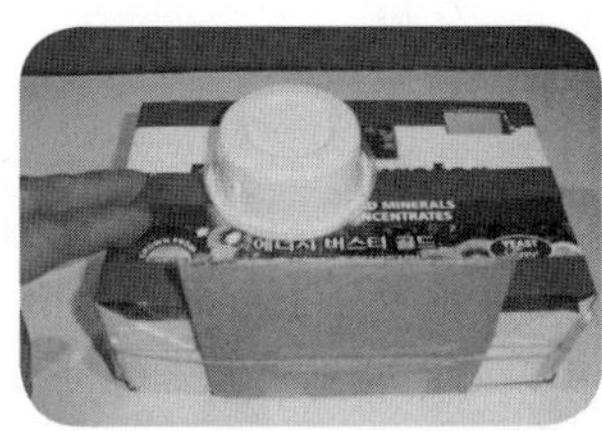

11. 这样照相机底部也完成了。

12. 最后在完成好的照相机底部再套上一根橡皮筋。

相机制作 Tips

圆珠笔是否固定好很重要。因为按快门时，圆珠笔很可能弹出来，所以一定要用胶枪将其粘牢。

照相机最重要的一个部分就是橡皮筋。橡皮筋的劲儿很大，拉一拉胶带就会被撕开。所以，要么用胶带将其固定好，要么用胶枪将其粘牢。

制作过程中的很多地方都需要用到刀和胶枪，所以需要爸爸从旁辅助。

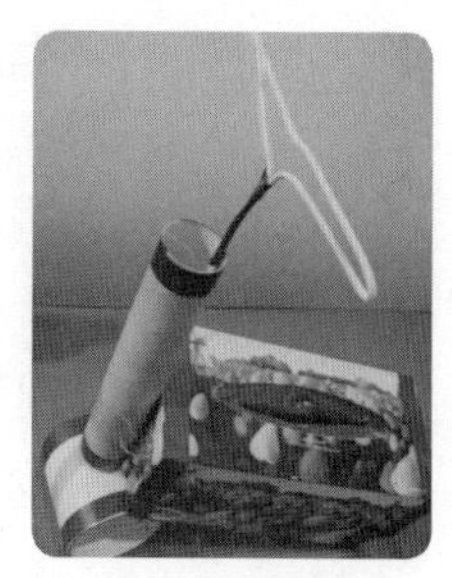

03 制作三轮车

什么能用来做前轮，什么又能用来做后轮呢？前轮用胶带纸筒或者卫生纸纸筒即可，而后轮需要选用较小的牛奶瓶瓶盖或者饮料瓶瓶盖。三轮车的车身则需要选用结实的卫生纸纸筒或者零食盒。盒子越大，装的东西就越多。

准备材料：衣架、胶带纸筒或卫生纸纸筒、饮料瓶瓶盖、彩色胶带、吸管、粗铁丝、锡箔纸纸筒、胶枪、刀、锥子

作者　以知爸爸

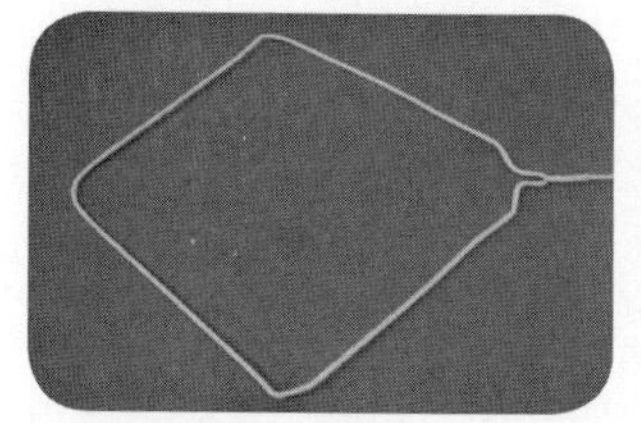

1. 将衣架拽成菱形。

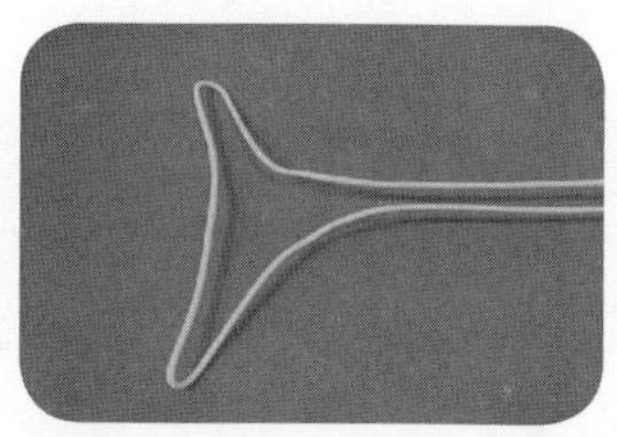

2. 将两边展平，弄成车把手的样子。

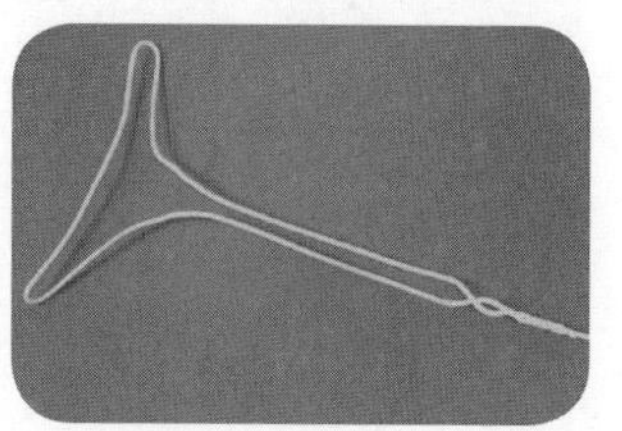

3. 将挂钩部分也展平。

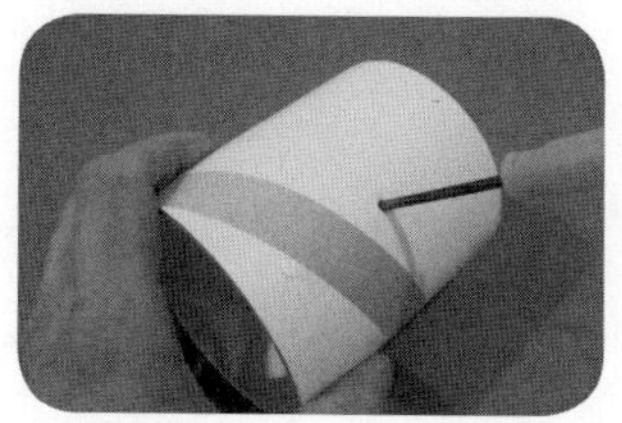

4. 在用来做前轮的胶带纸筒上钻个洞。

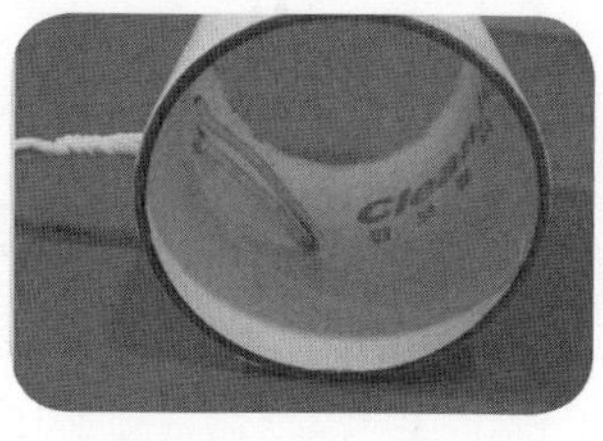

5. 将挂钩穿入洞中固定好。

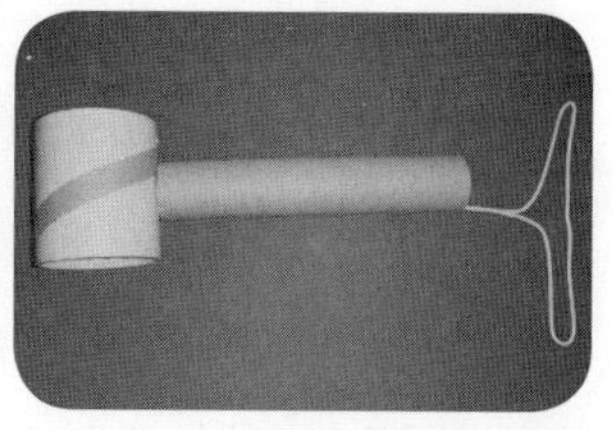

6. 别忘了把锡箔纸纸筒套在把手上。

7. 用胶枪将饮料瓶瓶盖两两一个粘好。

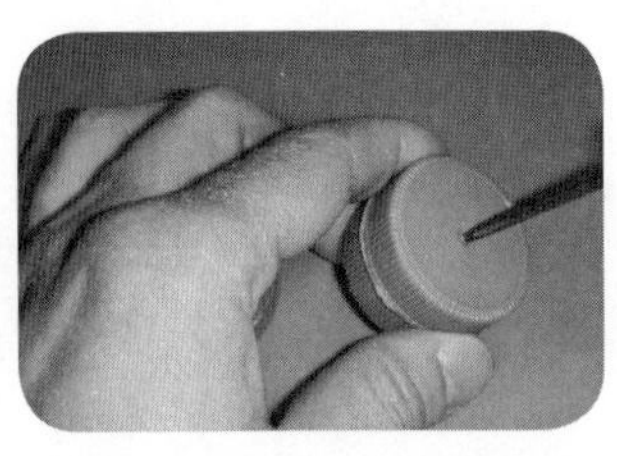

8. 用锥子在将要插入粗铁丝的地方钻个洞。

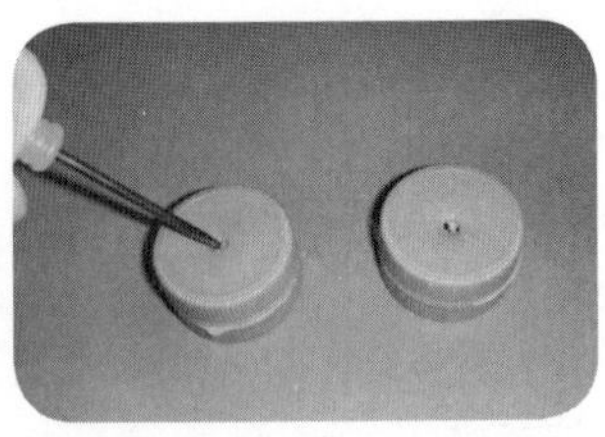

9. 在两侧车轮的同一位置上钻洞。

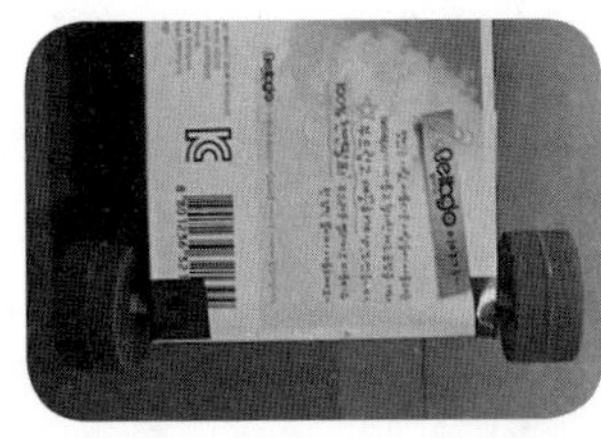

10. 将吸管套在粗铁丝上，然后将粗铁丝插入车轮的洞中。

11. 这样后轮就完成了。

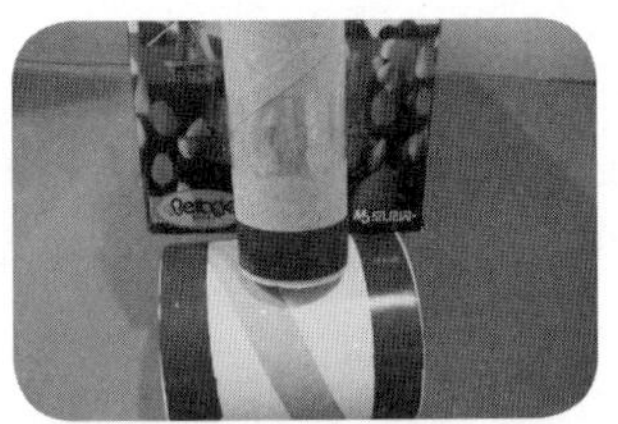

12. 用胶枪将卫生纸纸筒固定在前轮上，上面用胶带粘好。

13. 左右摇晃，看固定是否牢固。因为三轮车要承受重量，所以这是十分重要的一环。

三轮车制作 Tips

可以用三轮车盛放孩子的玩具或者其他东西。

通过游戏培养孩子的自立能力和整理物品的习惯。

使用刀、锥子等危险工具时一定要有家长的辅助。

附录 2

好爸爸诊断表

就像本书中所讲的那样，只要做好游戏，就能成为好爸爸。

那么现在就来检测一下您的好爸爸指数吧。

完全符合——5 分，十分符合——4 分，基本符合——3 分，比较不符合——2 分，完全不符合——1 分

01 孩子内心的想法　小计：　　分

1. 了解孩子现在的烦恼。
2. 了解孩子成长过程中的感情变化。
3. 最近和孩子进行过深入的对话。
4. 有左右孩子想法的秘诀。
5. 比起说教，更善于倾听。

02 孩子的习惯　小计：　　分

1. 知道孩子喜欢和不喜欢的食物是什么。
2. 知道孩子喜欢和不喜欢的运动是什么。
3. 知道孩子有什么好习惯和坏习惯。
4. 努力使孩子改掉坏习惯。
5. 比起说教，更倾向于身体力行。

03 孩子的朋友关系　小计：　　分

1. 知道孩子朋友的名字。

   4名（5分），3名（4分），2名（3分），1名（2分），无（1分）

2. 和孩子的朋友一起用过餐。

   3个月内（5分），6个月内（4分），1年内（2分），无（1分）

3. 如果有需要，会和孩子的朋友打电话或者见面聊天。
4. 经常拜访孩子朋友的家，往来密切。
5. 明白孩子在学校被孤立的原因，并制定对策。

04 孩子的梦想　小计：　　分

1. 十分清楚孩子有什么才能。
2. 了解孩子梦想的变迁史。
3. 十分关注孩子对什么感兴趣。
4. 赋予孩子努力的动机，帮助其完成梦想。
5. 帮助孩子发挥才能。

05 孩子眼中的爸爸　小计：　　分

1. 不唠叨，懂得询问孩子的意见。
2. 了解身体语言，懂得如何使用。
3. 帮助孩子建立独自完成某事的自信心。
4. 周末安排以孩子为中心。
5. 十分关注报纸、杂志、网络上的教育信息。

06 与孩子的感情交流 小计： 分

1. 努力将孩子视为具有完整人格的人。
2. 孩子哭时能马上哄好。
3. 明白什么样的话更能激发孩子的干劲。
4. 懂得如何克服不同价值观带来的差异。
5. 即使孩子犯了很大的错，也能够理性地解决问题。

总计

130 分 七擒七纵型爸爸：通过身体力行影响孩子的优秀爸爸。

115 分 格物致知型爸爸：了解并能读懂子女的内心的好爸爸。

100 分 囊萤映雪型爸爸：有自己独特教育方法的爸爸。

85 分 华而不实型爸爸：需要学习如何通过游戏培养孩子的人格。

70 分 虎头蛇尾型爸爸：急需通过游戏增进与孩子的感情交流。

60 分 束手旁观型爸爸：置之不管，是不是更为贴切？

50 分 自暴自弃型爸爸：你是爸爸没错，不过仅仅是血缘上的。

各小计分数评价

24 分——完美 21 分——十分优秀

19 分——优秀 15 分——需要再接再厉

12 分——需要多加努力 9 分——问题非常严重

6 分——接近绝望

注：1. 本表仅适用于评价爸爸与孩子的关系。

2. 本表适用范围：小学生（对于 5 ~ 7 岁学龄前儿童或中学生仅限参考）。

3. 完成所需时间为 30 分钟。

附录 3

我家的夫妻相处原则

01 通过对话了解对方

如今男女的平均结婚年龄已经超过 30 岁。这就意味着大家结婚越来越晚，而结婚前自己一人度过的时间越来越长。

我们夫妻的原则是“通过对话了解对方”。为此，我们每年都会有 2 ~ 3 次的彻夜长谈。新婚时一般会聊婚前的事情，到了中年就开始聊教育子女的事情。比如聊一聊各自小时候的故事、上学时的故事、结婚前恋爱时的故事，当然还有结婚前有趣的故事以及孩子小时候的故事，等等。因为想要说的话太多了，所以往往聊着聊着就忘了时间。

对话让我们更加了解彼此，也减少了吵架的次数。如果我们选择通过对话的方式了解对方，那么夫妻间的那道墙将很容易打破。

志勋、成贤爸爸

02 家庭共同体的生活

我们家的信条是“家里的事情共同参与”。只要下定决心做某件事，一家人就会齐上阵。

我认为教育子女和做家务也是生活的一部分，所以只要有空，我就会做家务。当然，我也积极参与社会活动。例如在周末参加体验活动、志愿者活动，或是去郊外露营等。我相信这些活动能给孩子插上梦想的翅膀。

之前，健康家庭支援中心举办了一次日记征集比赛。我们一家人决定参赛。由于这次比赛的主题是“一起做家务”，所以在接下来的 3 个月里，我与妻子以及孩子一起开展了丰富多彩的家务活动，并将其用日记的形式记录了下来。没想到居然获了奖，孩子们为此高兴不已。

其实教育子女和做家务一样，不是一朝一夕能够做好的事，需要我们年复一年地投入。我们并不是为了写日记才一起做家务，而是为了记录家庭生活中的幸福才写日记。

根熙、秀斌爸爸

03 减少夫妻争吵的幸福红线

在夫妻争吵中，选择正确的对话方式显得尤为重要，甚至会影响争吵的最后结果。首先，争吵时必须使用第一人称。也就是说，即使很生气也不要说你怎么样，而是要说我怎么样。其次，不论再生气也不要脱离主题，贬低对方、嘲笑对方。因为这与说自己是垃圾如出一辙。如果感觉自己已经忍无可忍，到了要大喊大叫、谩骂对方的程度，那么请终止争吵，去静一静，或是去吹吹风整理一下自己的心情。记住：如果亢奋了就必须终止对话，最好在双方都冷静下来后再继续。

还有一项训练也对减少夫妻争吵有帮助，那就是想一想如果自己输了有什么损失。其实吵输了也并没有什么损失，只不过自尊心受挫而已。而辩论问题究竟出在谁身上也没有多大意义。我们不要一味地要求对方道歉，而要对自己生气这件事心怀歉意。当然，道歉是相互的，我们也不能一味地忍让，这只会让夫妻间的问题越积越多，总有一天会彻底爆发，那样结局就变得更难收拾了。

我们曾经也有过十分激烈的争吵，但都默契地选择了遵守约定：中断对话。最后在心平气和的状态下，我们得到了双方都很满意的结果。

此外，利用 MBTI（一种职业人格评估工具）了解相互的性格对减少争吵也很有帮助。它能让我们明白妻子（丈夫）为什么会在当时的情况下说出那种话，从而为更加了解彼此而努力。

其实，在没有大损失的情况下先认输有助于提升我们的自身价值。因为在争吵中，我们往往会暴露自身的缺点。记住：缺点是必须改正的，它并不是伤害对方的武器。只有我们自己改变了，对方才会改变。总之，和平对话才是一根维系夫妻间关系的幸福红绳。

艺亨、俊亨爸爸

04 能带来幸福的话——“做得真棒！”

我们夫妻俩总会习惯性地夸赞对方“做得真棒”。最初我们以为恋爱时间久了婚后就不会有什么问题，但新婚时我们之间产生了很多摩擦。那时我们眼中看到的只有对方的缺点，根本看不到优点。有一次，我因为电视台要来家里采访，而妻子却没有做好家务而大发脾气。我们甚至还当着电视台工作人员的面吵了一架，那之后很长一段时间我们都没有和对方说话。

显然我和妻子的想法存在差异：当问题发生时，妻子想当场通过对话解决问题，而我却希望双方冷静后再谈。结果就是僵持的时间越久就越痛苦。最后随着妻子预产期的临近，我们感觉必须确立一个夫妻原则，而我们最终选择的就是那句能带来幸福的话，即不论对方做了什么事，第一句话都要说“做得真棒”。

没想到效果却好得出乎意料——夸赞让我们更加信任彼此。也正是得益于此，结婚 20 年来我们都没有过大的争吵。就算教育孩子的方法存在分歧，我们说出的第一句话仍然是“做得真棒”。虽然孩子会讽刺我们“只要是爸爸的话，妈妈都无条件觉得对”，但我们依然反复地说着那句“做得真棒”。

“亲爱的，做得真棒！”

语珍、贤明爸爸

05 当天的问题当天解决

大部分男人在自己犯错时或是与他人吵架时都想速战速决。因为他们讨厌对方的斤斤计较或鸦雀无声。但是“这样就可以了”“过段时间自然会好的”只是男人们的错觉。所以我们夫妻俩约定，如果当天发生了争吵就要当天解决问题。因为我们不想让严肃的气氛持续下去，甚至影响到孩子们。孩子们又有什么错呢？只要好好谈，问题早晚会解决的。

我们都努力地去尊重和理解对方，在说出自己想法的同时倾听对方的想法。男女的思考方式有很大不同。不是有这样一句话嘛：“男人来自火星，女人来自金星。”实际情况就是这样的。如果真的超出了理解的限度，那么就需要其中一方多让一步。而这个人如果是我的话，问题解决起来会容易。总之，我们夫妻俩的幸福原则就是“当天的问题当天解决”。让我们一起用理性的思维、宽容的胸怀来理解我们的伴侣吧！

胜贤、胜敏爸爸

06 给妻子放假

尽管现在越来越多的丈夫开始做家务、带孩子了，但是总的说来还是妻子做得更多。就像我家，虽然我很努力地想要帮助妻子做家务，但最后还是要妻子来帮忙收尾。所以我下定决心一定要更加努力，争取不再麻烦妻子。

对于我来说，处理夫妻关系的方法很简单，就是“给妻子一些自由时间去做她想做的事”。例如让她蒸个桑拿休息一下，或者让她边看书边听音乐放松等等。虽然我非常希望给妻子 1 个月放一次假，但往往因为周末有事而延长为 3 ~ 4 个月一次。

无论如何，我想要给妻子放假的决心是不会动摇的。如果能认识妻子的 1 ~ 2

个朋友就更好了。这样当妻子不想出去的时候，我们便可以拜托妻子的朋友请妻子出去吃饭。当然，费用要在妻子不知道的情况下交给对方。此外，如果和妻子的朋友熟识，还可以让我们更好地了解妻子的烦恼和兴趣所在。

志完爸爸

07 两个人的约会

妻子们总是把孩子和丈夫摆在第一位。作为丈夫，我们能够给妻子准备的最好礼物便是一段只属于两个人的时间。实际上，自从孩子出生后，我们就失去了自我。两个人的约会也成了一种奢侈。然而，约会却是去除压力的良药。虽然孩子小的时候不能这么做，但当孩子稍微大一点的时候还是可以的。例如，每过1 ~ 2 个月，将孩子拜托给姨母照顾，二人出去约会一次，找个安静的咖啡馆重新回忆一下恋爱时光，或手牵着手看一场电影。至少在这一刻让妻子忘记繁忙的家务。

此外，在生活中要处处照顾妻子，比如给妻子开车门、为妻子夹菜、让妻子挑选电影……从这些细节上让妻子认识到自己仍是被丈夫珍爱的，从而进一步加深夫妻关系的融洽度。周末时我准备和妻子去看一场电影。

志完爸爸

08 使用敬语

夫妻俩一起生活时往往会产生很多摩擦，但只要我们懂得尊重对方，摩擦就一定能够解决。尊重对方，使用敬语很重要。虽然不使用敬语也不会对生活有什么影响，但当冲突发生时问题就出现了。因为不尊敬对方的话或者行动往往会让夫妻间产生隔阂，可能导致互不相见，分房而睡，甚至离家出走，爆发“第三次世界大战”。

但如果我们使用敬语，问题就会缓解很多，冲突的次数也会减少。而且会对孩子产生积极的影响。不是说孩子是家长的镜子吗？之前妻子去了孩子的学校，看到有的小朋友满嘴脏话。我们都非常担心孩子会在学校会受到负面影响，所以希望孩子能够通过我们夫妻的对话学会尊重他人。

使用敬语吧，为了所爱的人。因为幸福始于尊敬。

以知爸爸

09 给妻子惊喜

究竟是制造惊喜的人更能体会到其中的乐趣，还是得到惊喜的人更有乐趣呢？想来想去还是奉献爱的人更快乐。由于女儿十分喜欢惊喜，所以我也养成了给他人惊喜的习惯。

某个月末，本来约定拿到工资后就去给妻子买礼物，却突然来了应酬。所以无奈之下我只能向妻子求情，并将应酬的时间、地点全部报备。妻子很理解我，什么也没说，只是发短信告诉我“亲爱的，少喝点早点回来”。结果最后我还是不得已喝到了凌晨 3 点才回家。而第二天起床时发现妻子已经去送孩子上学了。我走进厨房一看，煮好的醒酒汤还热着。这就是妻子给我的惊喜。喝过醒酒汤后，我决定洗碗作为报答，并给妻子留了张纸条和一点零用钱，告诉妻子“老婆的醒酒汤就是我的力量源泉。我爱你！”

生活中的惊喜不需要华丽的包装，只要互相给予信赖。马上行动起来吧。买上一朵玫瑰花，或是一块妻子喜欢的蛋糕，再附上一条留言：“老婆最近经济不好，做生意很辛苦吧？”“蛋糕中承载着我的爱，希望能给你带来力量。”“我爱你！”。

以知爸爸

10 即使争吵也不能分房睡！

结婚 22 年，我们夫妻俩从来没有分房睡过。就算吵架也只是背对背而已。虽然这看起来是件很小的事，但发挥出的功效却很大。因为第二天一起来，我们就会马上行动如常，仿佛什么事都没有发生过一样。我想，我们之所以能快速和好，全部归功于禁止分房这一原则。

夫妻吵架大多数都是因为缺少沟通，所以吵架很容易演变成互相诋毁。这样一来，吵架后就会变得很排斥对方，进而分房睡。但这样做并不能解决问题，反而会使问题更加复杂化。

假设夫妻吵架后分房而睡，那么自己独处的时间便会增加，想的东西也会变多。这样一环扣一环，自然会陷入自己的世界中，臆想出很多东西。如此一来，只能让你第二天一起来更讨厌自己的另一半。这时，最大的被害者就是孩子。因为孩子会变成爸爸妈妈之间的夹心饼。而且，如果这种状态一直持续下去，还会造成双方心理上的不安。

况且一直分房睡的话，那不就只是名义上的夫妻了吗？而且长时间分房甚至会导致婚姻破裂。因为与不喜欢的人共同生活简直就是苦役。况且分房睡对丈夫来说更不利。因为女人一般认知能力更强，所以分房睡也不会感觉不便。但对于空间认知能力较强的男人来说，如果妻子不在身边就会感觉相当不自在。

实际上，夫妻吵架后，睡觉时可以选择背对背的方式，从而让潜意识来解决问题。毕竟作为夫妻，两人还是幸福的回忆更多。而这些回忆就储藏在我们的潜意识中。入睡时，我们的意识系统就会从有意识状态过渡到潜意识状态。虽然吵架后我们背对背而睡，但在潜意识里我们却在对话。最开始我们可以背对着对方，但进入深度睡眠后，我们就会在无意识地状态下进行身体接触，例如把腿放到对方身上等。这种接触会一点点治愈我们受伤的心。

基范爸爸

11 只要吵架就逃跑

某一天，妻子突然自作主张要扔掉沙发。我当然说不可以，但没想到妻子大发雷霆，并抱怨结婚之后没有一件事可以自己做主，还责问我为什么当初结婚买沙发时不征求她的意见。听了之后我很生气，也跟着大声争吵起来。但没想到，还在上小学六年级的儿子却拽着我的手说“爸爸，和我出去一下”。出去之后，孩子对我说：“爸爸，您不是说和妈妈吵架要赶紧逃跑的吗？”听了孩子的话，我感到十分惭愧，心想：“哎，真是要向儿子学习呢。差一点我就自己把自己定的原则打破了。”

我妻子的外号叫“爆竹”。只要想起什么，就会像点着的爆竹一样噼里啪啦一股脑地说出来，但说过之后没过多久又会自己恢复理性。

两个性格不同的人结合在一起，哪有不争吵的道理？就算像我们这样已经结婚15年，而且互相之间已经非常了解的夫妻，不是还会因为当初买沙发没有征求对方意见而争吵吗？

新婚时我就给自己定了一个原则，那就是“只要吵架就逃跑”。我也经常对儿子这么样说，看来他已经记住了。实际上我只是照搬了我父亲的做法。

我父母的关系非常好，甚至一年都不吵一次架。但是只要吵架，妈妈就会拉大嗓门，爸爸也会火冒三丈。然而接下来才是最精彩的，爸爸总是“唉”一声就径直走出家门，在外面待上大半天。神奇的是，爸爸回来后一切便会恢复平静。

人们都说夫妻吵架只是抽刀断水水更流，但现在有的夫妻却会因为吵架而离婚。虽然我的做法像是认输了，但我却赢得了家庭的和睦。

基范爸爸

12 夫妻间使用爱称

我们夫妻之间一直使用爱称。就连女儿小英也有自己的爱称。所以在我家，我们不称呼对方爸爸、妈妈，而是使用爱称。范范、缪缪、嘣嘣是我、妻子和孩子的爱称，简称就是“范缪嘣”。此外，由爱称还可以派生出很多其他的称呼，例如小英叫“嘣嘣”，但如果小英放屁了，我们就会开玩笑地称她为“嘣神”。小英听到这个称呼也很开心。当然，对妻子也可以这样开玩笑。

夫妻吵架时也可以使用爱称，这样可以很快降低火药味。因为使用爱称可以增加夫妻间的撒娇行为。

小英爸爸

13 给妻子一些个人时间

孩子出生后，我们夫妻俩的生活几乎都是以孩子为主。虽然我时而可以出去聚餐、踢球，但妻子却完全没有这样的业余生活。之前我总是想当然地以为妻子就应该和孩子们在一起，但妻子却总说羡慕我。看来照顾孩子真的很辛苦。我家老大在上幼儿园之前经常生病。某一天妻子心情十分差，说要出去见朋友，要我在家照看孩子。这是我第一次一个人照顾两个孩子，我真的感觉一天就像十年那么难熬。真不知道妻子以前是怎么做到的。自从有了这次体验，我终于理解了妻子的苦衷。

自此之后，我时不时地给妻子放个小假，让她去见见朋友、喝喝酒、看看电影。没想到妻子为此感到特别开心。而我也可以毫无愧疚地去运动和聚餐了。自从有了业余生活，妻子变得更加能理解我了，而且家中的氛围也更温暖，更有活力了。

妻子们很容易在照顾孩子的过程中迷失自我。所以丈夫们给妻子一点个人时间吧！

李俊、李焕爸爸

14 给对方留出个人空间

我们夫妻俩都希望成为更有魅力的人，为此我们做了两条约定。

第一个约定是：在成为妻子和丈夫之前，我们首先是女人和男人。虽然大家都说结婚后夫妻俩会毫无禁忌，但我们直到今天仍然会在换衣服、上卫生间时，给对方留出个人空间。因为我们希望永远把帅气、漂亮的一面留给对方。

一开始我不是很理解妻子为什么要坚持这一点，但回过头来看，正是因为有了这个约定，我们才能在过去的八年婚姻生活里没有对彼此产生倦怠。

第二个约定是“每日都要有所改变与成长，努力成为比今天更有魅力的人”。我们夫妻俩在结婚前和孩子出生前不仅读了很多相关书籍，而且进行了充分的交流。面对瞬息万变的外部环境，我们也许会手足无措，但充分的对话能够帮助我们找到相对明智的解决办法。

职员权英秀、电影讲师李恩熙一定不会像胶片一样定格，我们会互相给予信任和尊敬，继续追求梦想，完善自我，期待彼此的新面貌。

书律爸爸

15 一贯性教育

我们夫妻俩都非常关心孩子。当然，相对来说，妻子付出的努力更多，但我时而也会有自己的教育主张。这时我都会选择通过对话来解决问题。当然，我们不会自作主张或是强迫对方接受自己的意见。我们往往会通过不断地讨论，达成意见上的一致。正是因为这样，我们才很好地保持了教育上的一贯性。

妻子有时也会对我的行动产生异议，这时她也会像我一样主动要求沟通。我们认为夫妻间的争吵可以谦让妥协，但子女教育问题必须沟通。

源俊、源英爸爸

附录 4

爸爸改变，孩子受益，妈妈幸福

成为好爸爸的五个诀窍

加入“爸爸游戏学校”已经两年时间了，感谢一直以来给予我鼓励的爸爸们。正是因为受到其他爸爸们的影响，我才逐渐改变。为了报答大家的厚爱，在此特别公开我的好爸爸速成方法。

1. 发现论坛上有好的内容就马上跟着做。不管是游戏、教育方法还是生活方式，学习那些你认为好的。

2. 上传有关孩子的照片和文字。最初你可能会认为做游戏只是为了找到写作素材，但最后你却会发现游戏已经成了生活的一部分。

3. 将网名改成孩子的名字。我曾经也有其他网名，而“源俊、源英爸爸”这个网名只是应论坛要求才起的，最初我并不是很喜欢。论坛要求这样起名是有原因的。就像现在，没有人不知道我的孩子叫源俊、源英。就算孩子再多，大家也不会忘记孩子们的名字，比如圭丽、圭源、圭民、圭真。

4. 在其他爸爸的文字下面留言。论坛中的网友我只见过校长、教导主任，还有志勋、成贤爸爸和以知爸爸。彩源爸爸，民亨、民智、贤宇爸爸，圭丽、圭源、圭民、圭真爸爸，胜贤、胜敏爸爸等，虽然没有见过面，却感觉像老朋友一样熟悉。这都是留言的功劳。我们可以在好爸爸们的留言中学到很多教育哲学和正确的价值观。

5. 每天坚持上论坛，哪怕 1 分钟。意识决定行动，改变未来的正是我们的生活态度。只要我们肯努力地向其他爸爸们学习，就会有所改变。好爸爸就是这样蜕变而来的。

教导主任：源俊、源英爸爸

家庭的幸福

在过去的那段时间里，我认识了很多“爸爸游戏学校”的教员和会员，并有幸和其中的几位见过面。正如校长先生所说的那样，这里聚集的都是异类。因为大多数爸爸虽然爱自己的孩子，却不懂得如何表达；了解家庭的宝贵，却不知道应该把家庭摆在第一位。但是论坛的众位爸爸却不同。大家了解轻重缓急，懂得先处理更为重要的事情，所以相对于其他人来说，大家是伟大的异类。

我十分尊敬开创先河的众位。在无人涉足、无人关注的情况下，大家能够不计回报地奉献。正是因为有了以校长先生为首的众位，才有了如今这么多的好爸爸。如果没有“爸爸游戏学校”，这些珍贵的日常故事将无处焕发光彩，我们也将缺少很多学习和改变的机会。

恭敬和关爱是提升家庭幸福指数的关键。如果家家户户都能做到父慈子孝，那么很多社会问题也将得到改善。如果孩子们都能以真善美的视角看待这个社会，整个国家的幸福指数必然也会上升。

要说我的优点，那大概就是坚持不懈了。因为我总是努力地将每一个小想法付诸实践。我从其他爸爸的身上获得了很多灵感。虽然有时我的反应有些夸张，但大家还是一如既往地包容我，这使我更加富有勇气。我愿意将我所知道的一切分享给大家。希望“爸爸游戏学校”能够成为一个爸爸们互相鼓励、互相学习的高水平论坛。

教员：民亨、民智、贤宇爸爸

一起创造美好幸福的回忆

直到小学四年级，我都一直住在忠清南道的连岩。连岩是标准的乡下，那里每年都会有棒球比赛，所以小朋友们只要有时间就会聚在一起打棒球，冬天则会在莲花池中滑冰，也会骑着自行车在田野间飞奔。那是我认为最幸福的一段时光。因此我觉得孩子的幼年时期就应该像这样在玩耍中度过。

在我看来，好爸爸必须有足够的时间陪伴家人，能够主动改善自己和家人的关系，不论发生什么事都要像男子汉一样撑起一片天，并且关心关爱自己的家人。此外，好爸爸还要懂得如何与孩子玩耍，满足孩子的愿望。虽然孩子不能像我们小时候那样到处嬉戏，但我们依然可以通过在“爸爸游戏学校”学到的游戏，与孩子一起制造美好幸福的回忆。

这次能够被选为教员，真的感觉很意外。我认为教员必须具有奉献精神。今后我一定会更多地关心孩子，陪伴孩子，成为更好的爸爸。

教员：圭丽、圭源、圭民、圭真爸爸

成为好爸爸的方法

什么是好爸爸？好爸爸大概就是如同朋友一样的玩伴吧。游戏本身就是爸爸和孩子交流的方式。游戏对孩子自信心、创意性、交际能力等的形成都十分有帮助。现在的孩子之所以大多缺乏社交能力，恰恰是因为缺少与爸爸的相处。所以，为了培养孩子的社会性，爸爸们都要积极地行动起来。

大家一开始可能会很茫然，不知从何下手。所以我为初级爸爸们准备了如下提示。

1. 从小事上拉近关系。爸爸们不能和孩子拉近关系，大多是因为不知该从何开始。俗话说，“好的开始是成功的一半”，但开始谈何容易？爸爸们都太贪心了。既想要和孩子玩一整天，又想和孩子去旅行，结果把时间都耗在了计划上。实际上孩子们需要的只是 1 分钟的对话，在家的附近散散步，抑或踢踢球而已。放下计划现在就开始行动吧。

2. 尽可能多一些身体接触。孩子们比较容易通过身体接触打开心扉。比起站在远处交谈来说，拉着孩子的手或是抚摸着孩子的背部更有效果。实际身体接触也并不是什么难事，例如下班后抱一下，孩子入睡后亲一下（第二天告诉孩子）或者揉一揉孩子的小脚丫，等等。身体接触要持续进行下去。有的家长觉得孩子大了自己再这么做，他们可能会不好意思，但其实只是因为做得少不习惯而已。此外，骑自行车、踢球、打棒球、玩轮滑等都是家长和孩子亲近的机会。

3. 假期尽量和孩子一起度过。爸爸们都很期待假期，因为忙碌了一周需要好好地休息。所以爸爸们放假后不是蒙头大睡，就是无所事事。然而假期才是和孩子亲近的最佳时间。因为假期到来后，孩子们身心放松，已经做好了准备迎接爸爸的惊喜。就算只是打扫房间，也要尽量和孩子一起。

4. 搬走客厅的电视机和遥控器。电视节目是阻挡亲子交流的最大敌人。搬走电视机后，家中的气氛会发生很大的转变，而且家人相处的时间也会增加很多。虽然最初可能会有些不适应，但毕竟对孩子有好处，还是搬走电视机为佳。

5. 时常带着孩子去旅行。旅行在出发前一个月开始计划即可。准备可以完全由爸爸来做，但是带什么最好和孩子一起商量。虽然旅行只有一天，但在准备的这一个月里孩子与爸爸会针对旅行交流很多东西，仿佛旅行不是一天，而是一个月。

6. 学习几种适合孩子年龄段的游戏。搬走了电视机，也计划好了旅行，如果爸爸们不知道如何与孩子相处就比较尴尬了。所以我们需要学习几种适合孩子年龄的游戏，或者记住几种孩子经常玩的游戏，这样一来就可以随时随地与孩子玩耍了。

7. 从简单的游戏学起。实际上在父子关系方面没有所谓的专家。每位爸爸都可以称为专家，只不过有的爸爸不常这样做，有些生疏而已。如果感觉和孩子在一起很尴尬的话，不如先学习一些简单的游戏方法。相信一定会对您有所帮助。

8. 从细小的事情开始。多制造一些回忆。例如旅行之后写一写后记，记录一下父子在一起的美好时光。或者在纪念日送孩子一份小礼物，奉上一封充满爱的亲笔信。

教员：彩源爸爸

附录 5

家庭介绍

01 民亨、民智、贤宇爸爸　卓景云

结婚 16 年，孩子卓民亨（15 岁）、卓民智（13 岁）、卓贤宇（5 岁）。

我们一家三代六口人生活在一起。母亲是一位韩服裁缝，从业 45 年，而妻子（孩子上高中前绝对不离开孩子）成为全职主妇也已经 16 年了。至于我，则是一个梦想很多、爱好很多的人。我们以将孩子培养成为“对他人有益的人”为目标。

民亨现在上中学二年级，喜欢交朋友，具有一定的领导能力。民智上小学六年级，做事情很投入，懂得给自己设立目标并努力完成。而且民智很照顾贤宇，所以有时候我们会把贤宇交给她来带。她就是我家的托儿所老师。两个女儿的共同点是喜欢读书，说她们书不离身一点也不为过。贤宇很淘气，也很会撒娇，睡觉前总喜欢喝奶。贤宇从小就喜欢爬山，至今已经征服了十余座高峰了。

我们家会定期举办家庭会议，有一次贤宇居然也学着小姐姐的样子在会上发言，着实让我们吃了一惊。10 年前，我们接受了当时 5 岁的民亨的意见，将大门漆成了黄色。去年我们又接受了贤宇的意见将大门漆成了粉红色。

02 根熙、秀斌爸爸　李真学

结婚 13 年，孩子李根熙（11 岁），李秀斌（6 岁）。

我们家是“绿色家庭”。我的外号叫“胶带男”（因善于用胶带把破碎的东西粘好而得名），梦想是组建幸福的家庭。在“快乐生活”的家训指导下，我们每周都

会出去野营一次，而且经常带着孩子参观博物馆、美术馆，参加各类体验活动。作为“行动队长”，我负责将家人安全送达活动地点。而妻子作为“后勤部长”，负责制订计划和准备东西。根熙是我家的“读书队长”，喜欢组装机器人。秀斌是我家的“惊喜公主”，喜欢跳舞和绘画。

03 志勋、成贤爸爸　金仁秀

结婚 18 年，孩子金志勋（17 岁）、金成贤（14 岁）。

大田外国人学校九年级学生金志勋、国际创意学校一年级学生金成贤，以及他们的聪明妈妈和“仆人爸爸”一起生活在京畿道广州市的一个带有“滑梯”的家庭。结婚时就梦想拥有的田园式住宅终于在结婚 7 年后落成。志勋所在的学校只有 130 人，所以在那里上学获得教育部长官奖或是教育科技部长官奖并不是什么难事。但正是这些奖状让孩子们从小学便开始了解到什么是自尊自强。

邻居们都喜欢来我家做客，10 年内接待的客人不下 1000 位。孩子们当然也与这些客人积累了深厚的感情。再过 15 年我就 60 岁了。那时我会开一家 3000 坪（源于日本传统计量系统尺贯法的面积单位，主要用于计算房屋、建筑用地的面积。主要应用于日本、中国台湾和朝鲜半岛。一坪大约为 3.3 平方米）的体验学习中心。说不定那时候连志勋的孩子都会叫爷爷了，也许还会让我带他去玩滑冰。那时我就不是“仆人爸爸”，而是“仆人爷爷”了。不过我的梦想就是成为“所有家人的仆人”，成为他们最亲的人。

04 小英爸爸　申章元

结婚 5 年，孩子申小英（5 岁）。

我叫申小英，今年 5 岁。爸爸妈妈一见钟情然后结婚，1 年后便有了我。没想到爱哭爱闹的我一下子就长这么大了。我是家中的小可爱，外号叫“嘣嘣”，妈妈很苗条，叫“缪缪”，而爸爸很帅气，我们都叫他“范范”。爸爸妈妈说他们是世界上最爱我的人，所以才会经常抱着我，陪我玩。

虽然我讨厌爸爸扎人的胡子，但我喜欢爸爸亲我的脸颊。当然我还是最喜欢妈妈亲我。妈妈不仅给我读故事，而且还会给我做好吃的。而爸爸则负责帮我照顾我的小鱼和蜗牛。不久前爸爸妈妈带我去了博物馆，参观了很多地方，真的很开心。

我长大后想成为芭蕾舞者或者宇航员，但爸爸却希望我成为外交官，大概是想跟着我到处旅游吧。当然这些不是什么难事。嘻嘻。

爸爸下班后会陪我玩，听我诉说烦恼，所以爸爸就是我的人生导师。我以后也要找一个像爸爸这样帅气的男朋友。不过如果我介绍自己的男朋友给他，他也许会嫉妒吧。这就是爸爸、妈妈和小英的幸福家庭。

05 胜贤、胜敏爸爸　孟周源

结婚 9 年，孩子孟胜贤（8 岁）、孟胜敏（6 岁）。

我 26 岁结婚，要孩子很早，所以比同龄人先体会到了家庭的幸福。而我的妻子可谓是一名育儿专家。现在我们的大儿子虽然只是一个小学一年级的学生，但已经是合气道白带、双节棍高手。我们 6 岁的小女儿也十分可爱。她虽然年纪小，却懂得为他人着想。我希望自己能够成为像朋友一样的家长，陪伴孩子健康成长。

06 语珍、贤明爸爸　窦俊烈

结婚 18 年，孩子窦语珍（16 岁）、窦贤明（10 岁）。

我家一共四口人，妻子是小学老师，儿子、女儿正值青春期，而作为一家之主的我是个彻头彻尾的和平主义者。所以我们家不论大事小事都会 4 个人一起决定。我们的理念就是“重在参与！不参与就要甘愿接受不参与带来的利益损失”。我家的两个孩子从妈妈身上继承了书卷气息，从爸爸身上遗传了动手能力。

我们的大女儿现在上初三，每当她对未来感到迷茫时都会找我商量。她曾经对朋友说“爸爸就是她的人生导师”。我们的小儿子集所有人的爱于一身，当然他也在憧憬着自己美好的未来。至于我自己，目前正在运营一家企业教育咨询公司，我的目标就是在 50 岁之前成为韩国最好的教育咨询讲师。我希望孩子们能够明白“当他们感到疲惫的时候可以来找我，不论何时何地”。这就是家长与孩子之间的信任。

07 志完爸爸　姜成民

结婚 5 年，孩子姜志完（4 岁）。

我和妻子从小青梅竹马。最初只是朋友，后来才成为恋人并步入婚姻的殿堂。但因为志完的到来，我们的新婚生活仅仅过了 6 个月就戛然而止了。

我 3 岁的时候便失去了父亲，所以童年十分孤独。妈妈每日外出赚钱，姐姐也只比我大一点，所以我基本上都是一个人玩。

长大后，我的目标就是建立一个热闹的家庭。虽然我不知道父亲应该是什么样子，但我会努力研究和学习。自从有了孩子后，我便戒了烟。妻子每天晚上 7 点至 10 点上班，所以我下班回家后会有很长一段独自与孩子相处的时间。我每周带孩子去汗蒸房 3 次，其余时间就在家做游戏。我和妻子的愿望是成为朋友般的爸爸、妈妈。我们希望不论有什么事情，孩子都会与我们一起商量，一起寻找解决办法。

08 李俊、李焕爸爸　李成

结婚 8 年，孩子李俊（7 岁）、李焕（5 岁）。

我家是庆尚道小伙和全罗道姑娘的结合，而且我们有两个可爱的儿子李俊和李焕。我希望孩子们能做到以下三点。

第一，快乐地生活。生活在充满欢笑的家庭，孩子就会更加乐观。所以我们家总是充满欢声笑语，总是歌声缭绕。

第二，学会分享。让孩子们明白帮助别人时才是最幸福的。所以我想等孩子们大一些就带他们去参加志愿者服务团体。

第三，健康。健康是完成其他事情的前提。我希望几年后我可以和家人一起骑着自行车去旅行。

09 艺亨、俊亨爸爸　函正民

结婚 7 年，孩子函艺亨（6 岁）、函俊亨（3 岁）。

孩子出生后，我才明白过平凡的生活最难。当我抱着他们时，虽然他们只会说“爸爸，我爱你”，或者只是叫一句“爸爸”，但这已经让我感到莫大的幸福。我想我很难成为有钱的父亲或者有名望的父亲，但我希望自己成为一个永远爱着孩子和妻子的父亲。老了以后，只要能实现“我很爱我的孩子，孩子也很爱我”的愿望就可以了。

10 以知爸爸　白勋

结婚 9 年，孩子白以知（8 岁）。

我从小的梦想就很简单，所以现在基本都已经实现了。而我现在的新梦想就是成为一个好爸爸。我和妻子是远距离恋爱，在往返首尔和光州 1 年零 6 个月后我们结婚了。结婚前我努力信守对妻子的承诺“让其不孤单”。结婚后以知出生了，我要成为好爸爸的梦想也开始一步步实现。我们家的家训是“做自己想做的事”“做吧，不要后悔”。这样的人生不才是幸福的人生吗？时至今日，我仍在为成为好爸爸而努力读书，努力研究儿童游戏。10 年后我想我们会住进一所有庭院的房子，在那里种花草、养动物，实现我们下一个 10 年后的梦想。

11 宇赫、智敏爸爸 朴俊亨

结婚 8 年，孩子朴宇赫（6 岁）、朴智敏（4 岁）。

我在家中的外号叫“captain star”。我每天上下班都要骑车 30 千米左右，而且我还会带着家人一起参加长达 4 小时 20 分钟的马拉松比赛，所以我们是名副其实的“马拉松家庭”。我妻子的外号是“阳光大树”。她心灵手巧，会给孩子缝制人偶、做玩具，还学起木工准备做家具。我们的大儿子叫宇赫，喜欢跑步、玩土、做玩具。二儿子叫智敏，是一个跟屁虫，比如哥哥上厕所，他也会跟着去。他现在已经可以自己穿袜子、穿鞋了。最近他还有了一个新的口头禅——“不对”，如果有什么事不合他的心意就会又哭又闹，真是不招人喜欢的 4 岁呢。但他闹虽闹，好得也很快，马上就又会缠着我陪他玩了。

12 源俊、源英爸爸 徐夫贤

结婚 10 年，孩子徐源俊（10 岁）、徐源英（8 岁）。

我们一家四口，大儿子源俊 10 岁，好胜心极强，小女儿源英 8 岁，是我们的可爱小公主，妻子心灵手巧、内外兼备，而我则正在努力成为一名好爸爸。我们一家人正在努力和邻居们一起共建幸福社会。当孩子问我“梦想是什么”的时候，我都会回答“做一名好爸爸”，但孩子们总是嘲笑我“这有什么难的”。然而，要想成为好爸爸并不容易。但一想到孩子们带给我的乐趣，我就充满动力。

13 书律爸爸　权英秀

结婚8年，孩子权书律（5岁）、祝福（0岁）。

我是一名道路设计师，叫权英秀。虽然加夜班是家常便饭，但我仍然希望能够带着家人去旅行。现在我还在努力学习英语。我是一位年轻的父亲。

我的妻子是一位雷厉风行的电影人，叫李恩熙，但大家更喜欢叫她“李促进”。她已经写好一个剧本，相信很快就会成为有名的导演。不论是电影、教学工作，还是家务、育儿，她都样样不耽误，周末还会给书律和我准备一顿大餐，真是不由得要为她竖起大拇指。

还有我家的宝贝书律。不知是不是因为出生前就听了很多节妈妈的课，书律天生就是个诗人，会用各种美好的词汇描绘美丽的花朵。书律还会为受伤的妈妈涂药，半夜起床迎接归家的爸爸，真是孝顺的女儿。爸爸妈妈之所以可以放心地追求梦想，也多亏有了这么一个听话的女儿。

最后要介绍的就是祝福了。虽然她现在还在妈妈的肚子里，但我们已经约定好想见的日子了。听说祝福是个女孩后，书律这个小姐姐就开始翘首以盼了。

14 圭丽、圭源、圭民、圭真爸爸　沈贤保

结婚10年，孩子沈圭丽（10岁）、沈圭源（8岁）、沈圭民（4岁）、沈圭真（1岁）。

我们家一共 6 口人。妈妈是一名小学老师，现在正在休产假在家照顾新降生的圭真。圭丽已经上小学三年级了，擅长写作、弹琴和跳舞。圭源现在上小学一年级，喜欢画画，经常带着弟弟圭民和妹妹圭真一起玩，为妈妈减轻了不少负担。

圭民是沈家的长孙，和姐姐们一样聪明有才气，爸爸妈妈、爷爷奶奶都很喜欢他。刚刚出生的圭真是哥哥姐姐们的开心果，也是我们沈家的福气。

最后要说的就是我了。我现在每天在医院照顾孩子的爷爷奶奶，祈祷他们能够尽快恢复健康。我们家有一个习惯，就是每晚入睡前都会聚在一起读《圣经》、唱圣歌。这时我们都会静下心来，从爸爸到圭民一起反省一天中所发生的事情，并为明天祈祷。我们家没有特别的家训，只是按照上帝的指示，以助人为乐、幸福生活为目标。